Walk of FLAME

DAS GRILLBUCH

W0393165

EMF

EIN BUCH DER
EDITION MICHAEL FISCHER

Inhalt

Grundlagen 6

Welchen Grill wählen? 6
Brennstoffe und Holzarten 14
Allgemeines Equipment 16
Grillmethoden und -techniken 20
Garzeit und Kerntemperatur 24
Dutch Oven 26
Smokerguide 28
Cuts 30
Würzen und Marinieren 34
Rubs und Marinaden 38
- Basic-BBQ-Rub 38
- Kaffee-Rub 38
- Asiatischer Rub 39
- Geräuchertes Bacon-Salz 39
- Magic Dust 40
- Smoky BBQ-Rub 40
- Texas Dalmation Rub 40
- Cajun Rub 41

Pimientos – mit Fenchelwurstfüllung, S.48

Kleinigkeiten/Fingerfood 42

Atomic Buffalo Turds – mit Cheddar 42
BBQ Drumsticks – glasiert 44
Mini-Meatballs – mit Bacon 46
Pimientos – mit Fenchelwurstfüllung 48
Gegrillte Maiskolben – mit würzig tomatisiertem Chipotle-Topping 50

Klassiker 52

Pulled Pork – für Genießer 52
Beef Brisket – ganz authentisch 54
St. Louis Style – BBQ Ribs 56
Flanksteak – mit zweierlei Pfeffer 58
Flaches Kräuterhuhn – mit Buttermarinade 60
Chicken Wings – mit Sesam 62
Beerbrats – mit Zwiebeln 64
T-Bone Steak – mit Tomaten-Relish 66
New York Style – Pastrami 68
Knuspriger Schweinebauch – vom Smoker 70
Gegrillter Hummer – mit Zitrone und Koriander 72
Juicy Lucy Burger – mit Zwiebeln und Cheddar 74
Coney Island – Chili Dogs 76
Pulled Lachs – von der Planke in die Schnitte 78

Chicken Wings – mit Sesam, S. 62

Brisket Burnt Ends – Chili, S. 88

Dutch Oven 80

Wildschweingulasch – mit Pilzen 80
Lammhaxen – mit Salzzitrone, Tomaten und Kartoffeln 82
Gefüllte Zwiebeln – mit Rinderhackfleisch in Rotwein 84
Rehkeule – mit Kürbis-Maronen-Gemüse 86
Brisket Burnt Ends – Chili 88
Jambalaya –mit Tiger Prawns und Chorizo 90

Rückwärts gegrilltes Steak – aus der SideFireBox, S. 100

Smoker 92

Lammkrone – mit rotem Chimichurri 92
Rotes Chimichurri – mit Paprika 93
BBQ-Ochsenbäckchen – mit Portwein 94
Spanferkelbauch – asiatisch glasiert 96
Memphis Style – Pork Belly Burnt Ends 98
Rückwärts gegrilltes Steak – aus der SideFireBox 100
Ganzer Truthahn – vom Smoker 102
Räucherlachs – mit Dillspitzen 104

Oberhitze/Beefer 106

Sweet Chili –Hähnchenspieße 106
Rosa Entenbrust – mit Erdnussöl 108
800g-Beef-Flank-Steak – mit Kräutern 110
Toskana-Fleischbällchen – mit Tomatensauce 112
Ganze Dorade – mit frischen Kräutern 114

Toskana- Fleischbällchen – mit Tomatensauce, S. 112

Geplankter Spitzkohl – mit Blauschimmelkruste, S. 116

Gemüse 116

Geplankter Spitzkohl – mit Blauschimmelkruste 116
Beer Can Cabbage – vom Smoker 118
Zwiebelkuchen – gegrillt 120
Halloumi-Zucchini-Spieße – mit Chili-Limetten-Öl 122
Quesadillas – mit Guacamole 124
Veggie Burger – Triple Cheese 126
Zucchini-Bomben – mit Aligot 128
Blumenkohl – mit Kapern-Nussbutter 130

Beilagen 132

Parmesan-Kartoffeln – überbacken 132

Cornbread – mit Cheddarkruste 134

Dreierlei eingelegte rote Zwiebeln 136

Kräuterbutter – mal 3 138

Burger-Brötchen – so soft 139

Dunkelbierbrot – gefüllt mit Preiselbeeren und Raclettekäse 140

Eiersalat – aus dem Heißrauch 142

Parmesan-Kartoffeln – überbacken, S. 132

Schoko-Kirsch-Schnecken – aus der Gusspfanne, S. 146

Süßes 144

Schmand-Tarte – mit Basilikum-Erdbeeren 144

Schoko-Kirsch-Schnecken – aus der Gusspfanne 146

Baked Alaska – mit flambierten Gin-Beeren 148

Texas Brownie – mit Bourbonglasur 150

New York Cheesecake – aus dem Smoker 152

Register 154

Impressum 160

Welchen Grill wählen?

Die Entscheidung für einen bestimmten Grill sollte nach mehreren Kriterien gefällt werden: Wie viel Platz steht zur Verfügung? Wird auf dem Balkon oder im Garten gegrillt? Welche Grilltechnik soll angewendet werden, z. B. mit oder ohne Rauchentwicklung? Wie oft will man grillen? Welche Mengen müssen berücksichtigt werden, wenn z. B. mit Freunden im großen Kreis gegrillt werden soll? Überhaupt, was soll überwiegend auf den Rost – ganze Spanferkel, schnelle Steaks oder ganze Mahlzeiten, von Snacks über Hauptgerichte bis hin zu Desserts? Und: Wie sind die Nachbarn auf die Begleiterscheinungen beim Grillen zu sprechen? Deshalb will die richtige Wahl des Grillgeräts vorher gut bedacht sein, indem sie sich an den Möglichkeiten, Gegebenheiten und Bedürfnissen orientiert. Letztlich spielt natürlich auch der Preis eine Rolle, denn es gibt Lösungen vom niedrigen zweistelligen Bereich bis hin zu Luxuslösungen im Wert einer Einbauküche. Die einfachste Art, eine technische Voraussetzung zum Grillen zu schaffen, besteht darin, ein paar Steine im Kreis oder über Eck übereinander mauerartig zu schichten, in der freien Mitte eine Glut zu entfachen und einen Rost darüberzulegen. Wer so grillt, bedient sich einer der ältesten und bewährtesten Garmethoden überhaupt. Diese Grillstelle sieht urig aus, bietet meist viel Platz, bedarf kaum einer Wartung und ist witterungsbeständig. Nachteil: Die Konstruktion kann nicht ohne Weiteres an einem anderen Ort aufgestellt werden.

High-End-Gasgrill

Die modernen komfortablen Gasgrills besitzen neben dem Grillrost eine Kochzone, die zum Kochen von Saucen und Eintöpfen sowie zum Woken und Braten gedacht ist. Zudem haben sie eine eingebaute Infrarot-Sizzle-Zone. Damit können Temperaturen von bis zu 800 °C erzeugt werden, was neue Zubereitungsmöglichkeiten eröffnet. Ein elektrischer Drehspieß für ganzes Geflügel, Spanferkel, Lammrücken und andere große Stücke sollte mit zur Ausstattung gehören. In Komplettausstattung hat man unter freiem Himmel fast eine Komfortküche.

Bestens geeignet für:

Fleisch, Fisch und Gemüse; Kurzgegrilltes wie Antipasti-Gemüse; indirekt Gegrilltes wie Käse im Pergamentpapier; Gebackenes vom Schamottstein wie Brot; große Stücke vom Drehspieß; Gebäck wie Hefeteigschnecken u. a. m., das den aufgelegten Deckel benötigt.

Holzkohlegrill

Der Klassiker unter den Grills: Er erzeugt ein einzigartiges Aroma und jenen rauchigen Geschmack, wie man ihn seit jeher vom Garen über offener Glut kennt. Allerdings ist die Handhabung wesentlich aufwendiger als bei einem Gas- oder Elektrogrill. Die Kohle muss zu Beginn mit flüssigem oder festem Grillanzünder, Heißluftgebläse oder Anzündkamin erst in Fahrt und dann auf die gewünschte Grilltemperatur gebracht werden. Das braucht Zeit und erzeugt mitunter einiges an Rauch. Die Temperatur ist nur schwer zu kontrollieren, und man benötigt etwas Erfahrung, um die Hitzestrahlkraft der Holzkohle richtig einschätzen zu können. Wer aber unkomplizierte Gerichte zubereiten möchte, wie z. B. Würste, Schweinesteaks oder Gemüse im Pergamentpäckchen, Improvisation reizvoller findet als Perfektion und Wert auf den einen unverwechselbaren Geschmack legt, der ist mit solchen Geräten richtig beraten. Die Auswahl erstreckt sich von simplen Einfachgrills bis hin zu Luxusgrills für mehrere hundert Euro. Es gibt Kugelgrills für direktes bzw. indirektes Grillen und zum Smoken, Schwenkgrills mit rotierendem Rost, solche mit Rädern, Beinen oder Mittelstandfuß, aber auch handliche Exemplare zum Tragen. Am hochwertigsten sind Grills aus Edelstahl oder Gusseisen, die unempfindlich gegen Rost sind und auch nach längerem, intensivem Gebrauch kaum Abnutzungserscheinungen zeigen.

Besonders geeignet für:

Würste; Kurzgegrilltes, wie dünnes Fleisch, Spieße, Fisch im Fischgitter und Gemüsepäckchen. Bei Verwendung einer Haube auch für größere Stücke geeignet.

Kugelgrill

Den Kugelgrill gibt es mit Holzkohle oder Gas betrieben. Bei aufgelegtem Deckel wirkt die eingefangene Hitze mit auf das Gargut, und man hat etwa dieselbe Anwendungsbandbreite wie bei einem Backofen. Außerdem gart er sehr schonend. Ein weiterer Vorteil besteht darin, dass man den Deckel nicht permanent auflegen muss, sondern z. B. zum Kurzbraten auch geöffnet lassen kann. Je nach Größe hat man die Möglichkeit, eine direkte und indirekte Grillzone nebeneinander einzurichten, was verschiedene Zubereitungsarten zu gleicher Zeit ermöglicht.

Besonders geeignet für:

Uneingeschränkt direkt Gegrilltes; indirekt Gegrilltes wie Fisch, Fleisch, Würste, Braten, großes Gemüse wie Fenchelknollen, Gebackenes vom Schamottstein, wie Pizza. Bei geschlossenem Deckel können z. B. Muffins in der Silikonbackform gebacken werden.

Keramikgrill

Im Prinzip die High-Tech-Version des Kugelgrills. Der Keramikgrill ist hauptsächlich zum Garen bei geschlossenem Deckel gedacht und wird mit Holzkohle betrieben. Man kann damit grillen, backen, kochen und räuchern. Er ist auch als Smoker nutzbar. Besondere Vorteile: Die Hitze ist für den Bereich zwischen 70 und 400 °C einstellbar und hält sich stundenlang. Trotzdem ist der Kohleverbrauch sehr gering. Nachteile: hohes Gewicht, hoher Anschaffungspreis, lange Aufheiz- und Abkühlphase. Keramikgrills sind nicht unbedingt die erste Wahl für schnelle Steaks (obwohl auch diese hier wunderbar gelingen), sondern etwas für einen langen, gemütlichen Abend.

Besonders geeignet für:

Short Ribs, Pulled Pork oder andere große Fleischstücke sowie ganze größere Fische, etwa Lachse. Auch für Kuchen im Glas geeignet, für Brot und Pizza.

Grillring oder Feuerplatte

Es handelt sich um eine runde Feuerschale mit Rost. In der Mitte brennt ein Feuer, das z. B. aus Holzscheiten bestehen kann. Auf dem etwa fensterbankbreiten Rand um das Feuer herum wird gegart, so dass die Grillfläche insgesamt groß ausfällt. Einsetzbar für alle Grillzubereitungen, die direkte Hitze verlangen und ohne Deckel auskommen. Der besondere Reiz bei diesem Gerät besteht in der Ästhetik seiner Form, die eher gehobene Designansprüche erfüllt, als rustikale Gemütlichkeit verbreitet. Er wird sofort zum Mittelpunkt, weil man sich wie um ein Lagerfeuer um ihn herumsetzt. Wer mit von der Partie ist, kann bequem das Grillgut selbst auf die Hitze legen und es so zubereiten, wie und wann er es für sich allein möchte. Ideal auf möblierten Terrassen und bei festlichen Anlässen. Mit einem glatten Spachtel ist der Ring einfach und schnell zu reinigen.

Besonders geeignet für:

Kurzgebratenes wie mediterranes Grillgemüse, Bratkartoffeln; Gebackenes wie Crêpes, Spiegeleier, paniertes Gemüse, Würste, Steaks, Spieße

Offene Feuerstelle

Als vor Urzeiten die Menschen gelernt hatten, Feuer zu erzeugen, nutzten sie zum Garen offene Feuerstellen. Diese archetypische Zubereitungsart hat bis heute nichts von ihrem Reiz verloren. Eine Mulde in der Erde reicht aus, um dort mit Holz ein Feuer zu unterhalten. Soll gegrillt werden, reichen schon ein dreibeiniger Grillrost oder ein stativhohes Dreibein mit anhängendem Topf oder Schwenkrost über den Flammen, und schon kann es losgehen. Gerade weil es bei dieser Methode an Perfektion fehlt, um etwa auf die Temperatur Einfluss zu nehmen, und man aufpassen muss, dass die Wurst an einem Ende nicht verkohlt und am anderen noch roh bleibt, ist das Grillvergnügen meist besonders groß. Es hat noch etwas Ursprüngliches, und man kann eine kleine Atempause von den technischen Anforderungen in den meisten anderen Lebensbelangen einlegen. Nach dem Essen kann es weitergehen: Erneut etwas Holz auflegen, dann wird aus der Grillglut ein romantisches Lagerfeuer.

Besonders geeignet für:

Kurzgegrilltes, wie Tofu, gegrilltes Gemüse, Gemüsepäckchen; in der Glut Gebackenes, z. B. Folienkartoffeln, Würste, dünn geschnittenes Fleisch, Steckerlfisch und Stockbrot.

Portables

Die tragbaren Geräte werden überwiegend mit Holzkohle betrieben, einige Ausführungen funktionieren aber auch mit Gas. Sie sind meist so klein und leicht, dass man sie bequem an den Baggersee, auf die Fahrradtour oder zum Picknick mitnehmen kann. Wer gern spontan grillt, keine gehobenen Ansprüche stellt und im Grillen nicht unbedingt die Hauptsache der jeweiligen Unternehmung sieht, ist mit den einfachen Geräten gut bedient. Sie eignen sich grundsätzlich für alles Kurzgegrillte, das üblicherweise auf dem Grill zubereitet wird. Es gibt allerdings auch komfortable Ausführungen, die sogar das Garen unter der Haube, indirekte Hitzezufuhr und einfaches Räuchern zulassen. Niedriggaren größerer Stücke – low and slow – ist je nach Gerätekomfort ebenfalls möglich.

Besonders schlichte und preiswerte Einmalgrills, die bereits Holzkohle und Anzünder enthalten, können nach Gebrauch nicht wiederverwendet werden. Sie stehen in der Kritik, weil sie nach Gebrauch oft einfach in der Landschaft liegen gelassen werden. Nach der Benutzung also unbedingt wieder mitnehmen und entsorgen!

Smoker

Den Smoker gibt es in verschiedenen Ausführungen. Der Klassiker ist die sogenannte Lokomotive (oder auch Barrel Smoker). Das Gerät heißt so, weil seine schwarze Farbe und seine Formgebung an alte Dampflokomotiven erinnern. In der Brennkammer brennt das Holz, Hitze und Rauch ziehen in den Garraum direkt daneben, in dem das Fleisch liegt. Hier sammelt sich die warme Luft, bis sie durch den Kamin abzieht. Abtropfende Flüssigkeiten wie Saft und Fett können daher nicht in die Glut gelangen. Große Smoker haben zusätzlich ein Ablagegitter im Kamin. Dort kann man fertige Fleischstücke ruhen lassen, um sie warm zu halten. Zur Rauchentwicklung werden gern Späne von Buche, Eiche und Obstbäumen verwendet. Beliebt sind auch sogenannte Chips und Chunks, die vor dem Räuchern gewässert werden.

Es handelt sich bei diesem Gerät nicht um einen Grill mit direkter Hitzeeinstrahlung und der Erzeugung spezieller Röstaromen, sondern um eine Räucherkammer, die als Outdoor-Garer eingesetzt wird. Ein wesentlicher Vorteil des Smokers besteht darin, dass auch bei sehr langen Smokevorgängen das Gargut sich selbst überlassen werden kann – man muss allenfalls die Glutstelle im Auge behalten.

Für mehr Information siehe Smoker-Guide, S. 28.

Besonders geeignet für:

Sehr große, aber auch kleine Stücke bei Niedrigtemperatur, wie Käse und Fisch vom Zedernholzbrett, Geräuchertes aller Art, Fleisch, Würste, gefülltes Gemüse, Tofu, Käse.

Räucherofen

Räuchergeräte sind unterschiedlich groß – vom tragbaren Kasten in Backofengröße bis zum mannshohen Schrank – und werden wegen der oft langanhaltenden Rauchentwicklung am besten im Garten aufgestellt. Die Klassiker werden mit Holz bzw. Holzkohle beheizt, modernere Geräte auch mit Strom und Gas. Es gibt Geräte zum Heißräuchern, Kalträuchern und solche, die beides können. Erschwingliche halbprofessionelle Räucherschränke, wie sie zum Beispiel von Anglern gern benutzt werden, gibt es in großer Auswahl.

Dutch Oven

Kochen wie im Wilden Westen: Der Dutch Oven ist ein gusseiserner Topf, der von unten und oben beheizt wird. Er wird auf einem niedrigen Dreibein über glühenden Kohlen positioniert, gleichzeitig können auf den ebenfalls gusseisernen Deckel zuvor in Glut versetzte Kohlen gelegt werden. Dadurch wird innen ein gleichmäßiger gemächlicher Garprozess in Gang gesetzt. Erhältlich in Größen für 1–2 bis rund 20 Personen. Die Töpfe sind so geformt, dass mehrere übereinandergestapelt werden und zeitgleich völlig verschiedene Gerichte garen können – ideal für ein abwechslungsreiches Menü im Freien. Es gibt auch einfache Vorrichtungen, um den Dutch Oven über ein Feuer zu hängen, das auch ein richtiges Lagerfeuer sein kann. Beim Gebrauch dieser schweren, schwarzen Töpfe, die selbst bei strengen Wintertemperaturen gute Dienste leisten, entsteht ein besonderes Outdoor-Feeling. Der Umgang mit dem Gusstopf ist aber nichts für den schnellen Hunger, denn das Warten auf das Kochergebnis verlangt etwas Geduld. Man muss daher früh genug anfangen. Die Vorfreude auf eine deftige warme Mahlzeit ist beim Anblick der Töpfe, die über der Glut hängen, besonders groß.

Besonders geeignet für:

Zum Schmoren und für Eintöpfe in kleinen und sehr großen Mengen. Auch zum Backen geeignet.

Oberhitzegrill

Wie der Name schon sagt, grillen Oberhitzegrills nur mit Oberhitze. Dabei haben sie eine Standardhitze von 800 °C und werden auch 800-Grad-Grills genannt. Mit nur einem Knopfdruck sind sie leicht zu bedienen. Entweder mit Gas oder Strom betrieben, arbeiten alle Oberhitzegrills mit Infrarot. Bei diesen muss nicht wie bei anderen Grills zuerst die Luft zwischen der Hitzequelle und dem Grillgut erhitzt werden, sondern die Hitze wirkt mit fast 100 % direkt auf das Grillgut. Durch die nur von oben kommende Hitze kann es nicht zu Fettbränden kommen, wie bei üblichen Grills. Dort gibt das Fleisch Fett ab, das auf die glühenden Kohlen oder das brennende Gas trifft und so eine Flamme auslöst, die das Fleisch verbrennt. Bei einer Hitze von 800 °C bleibt das

Fleisch nur für eine kurze Zeit auf dem Grill, je nach Fleischdicke nur 40 bis 60 Sekunden. Dadurch wird das Fleisch außen schön knusprig und bleibt innen saftig. Durch die hohe Hitze karamellisiert das Fleisch, ohne auszutrocknen. Zusätzlich ist es mit dem Oberhitzegrill auch möglich, die Garstufen des Steaks perfekt zu treffen. Aber der Oberhitzegrill ist nicht nur schnell, sondern auch pflegeleicht, denn die meisten Grillroste und Auffangschalen lassen sich ohne langes Schrubben in der Spülmaschine säubern.

Besonders geeignet für:

Alle Arten von Steaks, aber auch für Burger-Pattys oder eine knusprige Bratwurst

Kontaktgrill

Der Kontaktgrill ist eine sinnvolle Alternative zu gewöhnlichen Grills. Er besteht aus zwei meist gusseisernen Grillplatten, die mit Strom beheizt werden. Die untere Platte trägt das Grillgut, und die obere wird auf das Grillgut geklappt, sodass es zwischen den beiden erhitzten Flächen leicht zusammengedrückt und gegart wird. Der Kontaktgrill bietet sich in erster Linie für kurzgebratenes Fleisch, Würste, Fisch, Gemüse, Fladenbrot und Sandwiches an. Er kann auf dem Balkon oder auch in der Küche genutzt werden. Er muss nur kurz aufgeheizt werden, erzeugt hohe, gut regulierbare Temperaturen und ist schnell einsatzbereit. Mit einem hochwertigen Kontaktgrill wird das Grillgut besonders gleichmäßig geröstet. Das lästige Wenden entfällt, weil das Fleisch zwischen Metallplatten von oben und unten gleichzeitig Hitze bekommt. Aus diesem Grund sind auch die Garzeiten erfreulich kurz. Die klassischen Grillaromen stellen sich nicht ein, weil es sich mehr um einen Bratvorgang handelt, bei dem aber Röststoffe entstehen. Die meisten für Haushalte konzipierten Kontaktgrills sind eher klein und reichen meist nur für zwei Personen. Größere Geräte gibt es jedoch im Gastronomiebedarf, wo gebrauchte Ware auch oft zu günstigeren Preisen angeboten wird.

Besonders geeignet für:

Kurzgebratenes Fleisch, flache Spieße, verschiedenes Gemüse, Fisch, Sandwiches, Panini und Fladenbrot, gefüllt und ungefüllt.

Plancha

Die Plancha ist eine glatte Grillplatte, die entweder aus Stahl, Aluminium, Edestahl oder emailliertem Gusseisen besteht. Plancha ist spanisch und bedeutet so viel wie Eisen oder Platte. Diese Platte kann auf jeden Grill einfach aufgelegt werden, egal ob Gas, Kohle oder Elektro. Es gibt aber auch spezielle Plancha-Grills. Die Plancha erreicht eine Hitze von 300 bis 350 °C, auf der das Grillgut indirekt gegrillt wird. Damit Fett und andere Flüssigkeiten abfließen können, ist die Plancha leicht abgeschrägt. Die Flüssigkeiten landen in einem Auffangbehälter. So kann das Grillgut mit Alkohol, Marinaden und Co übergossen werden, ohne, dass es zu einem Fettbrand kommt. Durch die gleichbleibende und gleichmäßig verteilte Hitze können Fleisch, Fisch, Meeresfrüchte und Gemüse schonend gegart werden. Besonders kleineres Grillgut, wie Scampis oder Gemüse eignet sich besonders für die Plancha, da sie durch keinen Rost fallen können. Bei den hohen Temperaturen verdampft die Flüssigkeit sofort und bildet damit eine kleine Schicht zwischen der Plancha und dem Grillgut. Dadurch wird kein zusätzliches Fett zum Grillen benötigt.

Besonders geeignet für:

Mediterranes Grillen, kleineres Grillgut, wie Gemüse oder Krabben, zum Grillen mit viel Marinade und Flüssigkeit.

Brennstoffe und Holzarten

Welches Holz oder welche Kohle benötigt wird, hängt von der Wahl des Grills ab.

Zum Grillen und Räuchern wird Glut benötigt. Sie entsteht im Allgemeinen durch das Verglimmen von Kohle bzw. Holzkohle sowie Holz bzw. Holzprodukten, seltener jedoch durch das einfache Verbrennen von Holz. Holzprodukte, z.B. Sägemehl, werden eingesetzt, wenn Rauch entstehen soll. Holzscheite oder andere (gesammelte) Baumteile erzeugen ebenfalls Rauch und unterstützen zudem die Flammenentwicklung.

Anzündhilfen

Um Kohle oder Holz in Glut zu versetzen, braucht man Anzündhilfen. Die nachfolgend genannten gelten als sicher und zuverlässig:

Anzündwürfel: Bestehen meist aus gepresstem Holz und Pappe. Ideal für Holzkohle und Briketts. Umweltbewusste Griller legen Wert auf Bioware und DIN CERTCO-Zertifizierung (Konformitätsbewertung).

Heißluft-Grillföhn: Entweder (Strom)kabelgebunden oder mit Akku betrieben, kann man damit Holzkohle oder Briketts schnell zum Durchglühen bringen. Die Geräte führen dem Brennmaterial Sauerstoff und Temperaturen bis zu 500 °C zu. Vorsicht bei der Anwendung: Es kann Funken- und Ascheflug entstehen.

Holzwollebällchen: Meist in Wachs getränkt. Eignen sich für Holz, Holzkohle und Briketts.

Flüssige Anzünder: Es gibt spezielle Produkte, die für den Grillbetrieb entwickelt wurden. Die kalte Kohle wird damit oberflächlich eingefeuchtet und entzündet. Dabei entstehen zunächst Flammen, anfangs mit einer besonderen gasigen Geruchsentwicklung verbunden. Beim Umgang damit ist Vorsicht geboten.

Anzündkamin: Dabei handelt es sich um ein kurzes Rohrstück von ca. 40 cm Länge und 15 cm Durchmesser. Es wird mit Briketts oder Holzkohle gefüllt und von unten mit einer Anzündhilfe (z.B. Anzündwürfel oder Holzwollebällchen) entzündet. Dann stellt man den Kamin am besten auf ein Gitter oder einen Rost. Durch den von unten nach oben durchziehenden Sauerstoff werden Kohlen oder Briketts in kurzer Zeit vollständig durchgeglüht. Anschließend im Grill verteilen.

Tipp

Als Anzünder dürfen auf keinen Fall chemische Beschleuniger, Brennspiritus, Benzin oder andere möglicherweise hochexplosive Flüssigkeiten verwendet werden. Sie sind in der Handhabung sehr gefährlich und können zu Verletzungen führen oder die Gesundheit anderweitig beeinträchtigen. Auf den unappetitlichen Beigeschmack, den sie an das Grillgut abgeben, kann ohnehin verzichet werden.

Holz

Holz und die Produkte daraus wie Chips oder Sägemehl werden zum Garen und Aromatisieren verwendet. Für offene Flammen bzw. ein richtiges Feuer wird ohnehin Holz verwendet. Es sollte trocken sein, denn nasses Material bildet sehr viel unerwünschten Qualm. Auch Nadelhölzer sind weniger geeignet, weil sie oft sehr harzig sind und viel Rauch und Ruß bilden. Das Ergebnis sind ein sehr strenger Geschmack und eine schwärzliche Färbung. Andere Produkte aus der Natur, z. B. Eicheln, Zapfen von Tannen, Erlen und Kiefern, Wacholderzweige und -beeren sowie Bucheckern können ebenfalls eingesetzt werden, aber nur in geringeren Mengen. Ob und wie lange sie gegebenenfalls angefeuchtet werden, unterliegt der Experimentierfreude des einzelnen Grillers.

Chips: Chips erzeugen beim Gas- und Holzkohlegrill das gewünschte Räucheraroma. Sie werden nicht direkt in die Glut gegeben, sondern in Räucherboxen.

Chunks: Etwa faustgroße Holzstücke werden in geschlossenen Grills zum Smoken und beim sogenannten Wassersmoken verwendet.

Holzmehl und Sawdust: Beides sehr feine Holzspäne, 1–4 Millimeter groß, zum Kalt- und Heißräuchern. Auch bei Tischgeräten eignen sich diese Produkte zur Raucherzeugung.

Holzpellets: Die gepressten sortenreinen, rindenfreien, kleinen Stäbchen kommen im Smoker, Holzkohlegrill und Keramikgrill direkt auf die Glut. Im Gasgrill wird eine Räucherbox verwendet.

Holzdiscs: Die gepressten Hartholzspäne verglühen schnell, in etwa 20 Minuten, und müssen daher öfter nachgelegt werden.

Holzscheite klein: Ideal zum Anzünden, brennen schnell und haben eine gute Glutverteilung. Perfekt für den Kugelgrill.

Holzscheite groß: Bester Brennstoff für Smoker, aber auch geeignet für offenes Grillen, Lagerfeuer und zur Holzkohleherstellung.

Kokos-Briketts: Aus Kokosnussschalen hergestellt, brennen lange und gleichmäßig. Auch bestens zum Anzünden geeignet.

Wood Paper (Holzpapier): Immer gut wässern, damit es geschmeidig wird. Das Grillgut darin einrollen und direkt grillen. Ergibt ein herrliches Aroma.

Wood Plank (Holzbrett): Verwendet man, um Fischfilets zu grillen und dabei leicht zu räuchern. Das Holz selbst verleiht dem Grillgut ebenfalls Aroma. Vorher eventuell etwas wässern.

Holzkohle

Wer mit Holzkohle grillt, erhält dadurch das einzigartige BBQ-Feeling. Auch bei der Kohle lohnt sich ein Blick auf Herkunft und Qualität – wie es am Geschmack des Grillgutes deutlich wird. Mit Holzkohle wird die ideale Glut und somit eine starke und gleichmäßige Hitze erzeugt. Sie liegt bei ca. 600–700 °C – ideal für Steaks und Kurzgebratenes. Der Nachteil besteht darin, dass das Material schnell verglüht. Es muss immer wieder nachgelegt werden, um die Temperatur konstant zu halten.

Briketts

Briketts bestehen in der Regel aus maschinell gepresstem Holzkohlestaub. Sie haben eine einheitliche Form und zeichnen sich durch eine hohe Dichte aus. Aus diesem Grund brennen sie deutlich langsamer als andere Brennerzeugnisse, wie z. B. Holzkohle, halten aber dafür die Hitze auch länger und konstant. Zwischen Holzkohle und Briketts gibt es somit klare Unterschiede: Holzkohle erzeugt eine sehr hohe Hitze, verglimmt aber schnell. Briketts hingegen halten deutlich länger durch, werden aber nicht ganz so heiß und bieten sich daher für die etwas dickeren Teilstücke auf dem Rost an.

Allgemeines Equipment

Zur perfekten Vor- und Zubereitung des Grillgutes wird eine Reihe an Hilfsmitteln benötigt. Eine Übersicht:

Das Grillen fängt meist damit an, dass Fleisch, Fisch, Geflügel, Gemüse, Würste, Käse und Desserts bereits schon in der Küche grillfertig vorbereitet werden. Dabei wird in erster Linie nicht das spezielle Grillequipment, sondern zunächst die übliche Küchenausstattung, wie Küchenmesser, Löffel, Spieße, Teller, Mörser, Arbeitsplatten, Gefäße zum Aufbewahren und Marinieren benötigt. Wer ergänzend zum Gegrillten feine Salate, Saucen und Desserts sowie süße und herzhafte Knabbereien in der Küche zubereitet, der benötigt und benutzt die vorhandene Küchenausstattung, wie Teelöffel, Mixer, Kochtopf, Pfanne und Herdplatte. Diese Gerätschaften sollen nachfolgend nicht weiter berücksichtigt werden.

Für Rost und Grill

Abtropfgitter: Ideal, um Fleischstücke ruhen zu lassen. So kann der Saft gut ablaufen und das Fleisch liegt nicht in einer Pfütze.

Bräter: aus Metall, Ton (Römertopf), Keramik oder Glas. Auf dem Grill werden solche Geräte eher selten eingesetzt, obwohl es technisch möglich wäre – sie widersprechen dem grundsätzlichen Grillgedanken, bei dem das unmittelbare Garen von Lebensmitteln nah an der Hitzequelle im Mittelpunkt steht. Eine Ausnahme stellen Pfannen aus Eisen oder Gusseisen und ohne Kunststoffgriffe dar, die vereinzelt zum Einsatz auf dem heißen Rost kommen, um bestimmte Zutaten anzubraten oder eine Sauce herstellen zu können.

Burgerpresse: Sieht aus wie ein Stempel mit Stempelkissen – perfekt, um Pattys die richtige Form zu geben.

Drehspieß: Zum Befestigen ganzer Tiere oder sehr großer Teilstücke sowie von Spießbraten und Geflügel. Idealerweise mit einem Motor für stundenlanges, gleichmäßiges Drehen betrieben.

Fischhalter: Lässt den Fisch auf dem Grill stehen, ist aber auch praktisch zum Räuchern.

Fleischgabel: Zum Heben, Halten und Wenden von Fleisch unverzichtbar. Besonders hilfreich im Umgang mit großen Stücken. Auf gute (Edelstahl-)Qualität achten, denn billige Blechgabeln sind größeren Gewichten meist nicht gewachsen.

Geflügelhalter: Zum Grillen von ganzem Geflügel. Durch die Flüssigkeit (Bier, Wein oder Mischungen) in der Mitte erhält das Geflügel das gewünschte Aroma. Je nach Form fangen sie auch das abtropfende Fett auf.

Gemüsekorb: Korb (quadratisch oder rund) mit Löchern. Darin lassen sich verschiedene Gemüse, aber auch ganze Fleischstücke, direkt grillen.

Grillhandschuh: Zum Schutz der Hand vor Hitze, Funken und heißem Rauch ist ein Handschuh aus Leder oder feuerfestem Textil unbedingt zu empfehlen.

Grillkorb: Darin befindliches kleines Grillgut kann schnell und unkompliziert gewendet werden – am besten also mit Griff.

Grillrostheber: Zum Anheben des Grillrosts. Meist mit Holzgriff ausgestattet.

Grillplatte: Wenn auf dem Grill etwas gebraten werden soll, sind Grillplatten die beste Lösung. Sie haben meist eine glatte und eine geriffelten Seite für schöne Muster.

Grillschalen: Für empfindliches Grillgut bei indirektem Grillen gedacht. Außerdem können sie als Tropfschalen verwendet werden. Beim direkten Grillen verhindert eine Grillschale, dass Fleischsaft oder Öl in die Glut tropft und auf diese Weise möglicherweise schädliche Stoffe entstehen.

Grillthermometer: Um die für ein saftiges Ergebnis wichtige Kerntemperatur zu bestimmen, ist ein Grillthermometer unverzichtbar.

Grillwender: Sollte etwa 40 Zentimeter lang und aus solidem Edelstahl bestehen. Zum Wenden von Fisch, Fleisch oder Gemüse.

Grillzange: Ein handliches und hilfreiches Werkzeug zum Wenden von verschiedenem Grillgut.

Holzkohlekörbe: Um indirekt grillen zu können, sind Holzkohlekörbe eine praktische Anschaffung. Sie werden mit glühenden Kohlen oder Briketts befüllt, um sie präzise positionieren zu können. Da sie beweglich sind, lassen sich die Hitzequellen bei Bedarf leicht und unkompliziert verschieben.

Kohlezange: Zum Nachlegen von Kohlen, Briketts oder Holz. Auf diese Weise werden Hände und Kleidung nicht schmutzig und es wird eine sichere Entfernung zum Feuer gewahrt.

Pizzastein: Pizza benötigt viel Hitze von unten und gelingt deshalb auf einem speziellen Pizzastein aus Schamott auf dem Grill einfach perfekt. Er muss gut vorgeheizt werden, um den gewünschten Effekt zu erzielen.

Pökelspritze: Auch Marinadenspritze genannt. Um Marinaden oder Salzlaken ins Fleisch zu spritzen.

Räucherbox: Mit Räuchermaterial, z. B. angefeuchteten Spänen gefüllt, trägt sie mit zur Aromatisierung des Grillguts bei. Sie sollte aus hitzebeständigem Material, wie Edelstahl oder Gusseisen, bestehen.

Räucherschale: Wie die Räucherbox zum Aromatisieren von Grillgut geeignet, allerdings wird sie direkt auf die Glut gesetzt.

Schneidebretter: Für den Profibereich hat der Gesetzgeber aus hygienischen Gründen Kunststoffbretter vorgeschrieben. In der privaten Küche dominieren jedoch die optisch reizvolleren Holzbretter. Vorteile der Plastikbretter: Sie sind spülmaschinentauglich und kaum anfällig für Verfärbungen und Gerüche – das sind gleichzeitig mögliche Nachteile der nicht spülmaschinentauglichen Holzbretter. Die aber sind, wie mehrere Tests bewiesen haben, trotzdem keinesfalls unhygienisch. Unbedingt beachten und nicht unterschätzen: Zwischen den einzelnen Arbeitsgängen – Bearbeiten von Fisch, Fleisch, Wild, Geflügel oder Gemüse und Früchten – das Brett aus Kunststoff oder Holz jedes Mal gut abspülen. Von Schneidebrettern aus Glas und Stein wird abgeraten, da sie nicht messerschonend sind.

Spare-Rib-Halter: Ideal, um Ribs von beiden Seiten gleichmäßig zu grillen.

Spieße: Aus Holz oder Metall. Holzspieße immer vor der Benutzung etwa 2 Stunden in Wasser einweichen.

Für die Vorbereitung

Bambusmatte: Praktischer Helfer, wenn Fleisch, Fisch und Filets in Schinken, Bacon oder Gemüseblätter eingerollt werden sollen.

Bindfaden/Küchengarn: Zum Binden von Fleischstücken. Am besten nur einen stabilen und hitzebeständigen Faden verwenden (aus dem Metzgerfachgeschäft oder im Fleischereibedarf).

Fleischwolf: Egal, ob handbetrieben oder elektrisch – er ist auf jeden Fall ein Muss bei der Herstellung von Burgern, Buletten, Hackspießen oder Grillwürsten. Nach dem Gebrauch das Gerät sofort von den Fleischresten befreien und reinigen; die Messer und Scheiben in Öl legen, damit sie nicht oxidieren und gut scharf bleiben.

Folien: Frischhalte- oder Alufolien sind wichtige Helfer in der Küche – zum Abdecken von Vorbereitetem, beim Marinieren und nach dem Rollen.

Messer: Gute und scharfe Messer sind ein absolutes Muss, sowohl für Laien als auch für Küchenprofis. Hier sollten keine Abstriche gemacht werden.

Mixer: Zum Pürieren verschiedener Zutaten und für das Herstellen von Grill- und BBQ-Saucen sowie Marinaden.

Mörser: Meist aus Stein – die beste Methode, Gewürze für verschiedene Würzmischungen zu zerkleinern. Auch leckere Pestos, Saucen und Dips lassen sich damit herstellen. Den Mörser nie mit Spülmittel reinigen, da der Stein den Geruch annehmen kann. Trocken mit Küchenpapier auswischen.

Roll- bzw. Nudelholz: Zum Ausrollen von Pizza- und Brotteig. Zum Plätten von blanchierten Wirsing- und Kohlblättern, in die Fleischfilets, Fisch oder Mischungen aus Pilzen, Käse und Nüssen eingerollt werden. Außerdem zum Herstellen von Bröseln für Überbackenes.

Rouladennadeln: Zum Schließen von gewickeltem Fleisch oder Fisch. Können manchmal auch das Thermometer ersetzen: Tief in das Grillgut schieben, nach 30 Sekunden herausziehen und vorsichtig an die Lippen halten – so erhält man eine Vorstellung von der vorherrschenden Temperatur im inneren Bereich.

Sieb: Zur Herstellung feiner Saucen und Marinaden oder auch feiner Gewürzmischungen. Außerdem zum Abtropfen lassen.

Für die Reinigung

Aschebehälter: Sollte immer aus Metall bestehen und mit einem Deckel ausgestattet sein, damit die Asche oder Glut vom Grill sicher entsorgt werden kann.

Grillbürste: Zum Reinigen von Rost- und Grillplatten unter Kraftaufwand. Es gibt sie in verschiedenen Größen und Formen, meist mit Messing- oder Edelstahlborsten. Größe und Form sollten auf das Grillgerät und darauf abgestimmt sein, wie sie in der Hand liegen. Zusätzlich dazu kann ein Fettlösemittel gute Dienste leisten.

Handbesen: Am besten einen mit großen Borsten. Zur Reinigung des kalten Grills sowie zum Ausfegen der abgekühlten Asche.

Stahlwolle: Reinigungskissen aus langen Metallspänen zum Reinigen von Grillplatten. Auch für emaillierte und mit Porzellan beschichtete Grillplatten geeignet.

Grillmethoden und -techniken

Beim Grillen wird Fleisch, Fisch oder Gemüse direkt über der Hitzequelle oder sehr nah daran gegart. Nur so entsteht der typische Grillgeschmack. Die Verwendung von Pfannen, Formen oder Platten, in bzw. auf denen sich das Grillgut befindet, widerspricht eigentlich dem ursprünglichen Grillgedanken. Da aber beim Grillen inzwischen der möglichst vielseitige Koch- und Genussmoment ohne den Herd in den Vordergrund gerückt ist, steht Grillen inzwischen für fast alle warmen Zubereitungen, die meist unter freiem Himmel, auf jeden Fall außerhalb der Küche stattfinden. Ob mit Holzkohle, Strom oder Gas – jede Technik hat ihre Vorteile.

Direktes Grillen

Seit man sich das Feuer zunutze macht, ist es die erste Gartechnik: Das Grillgut wird direkt über die Hitze gehalten, später kam der Rost dazu. Dabei entwickeln sich die typischen Röstaromen. Direktes Grillen verlangt Aufmerksamkeit. Bei hohen Temperaturen bis 300 °C können nur kurze Augenblicke zwischen noch fast roh und schon verkohlt liegen. Zum direkten Grillen eignen sich vor allem Stücke, die nicht länger als 20–30 Minuten benötigen, wie Steaks, Koteletts, Flanks, Burger, Geflügel, Fisch und Bratwürste. Direkte Hitze erzeugt den gewünschten Grilleffekt am besten. Das Gargut wird in nur wenigen Augenblicken gar und entwickelt dabei die gewünschten Röstaromen. Nachteil: Von außen kann das Gargut schnell verbrennen, während es im Kern noch roh ist. Dann kann man, falls vorhanden, auf eine zweite, mildere Hitzezone ausweichen. Hier wird das Grillgut langsamer gegart. Bei Bedarf legt man es anschließend wieder auf die heißere Zone zurück. Alternativ kann eine kurze Garpause eingelegt und die direkte Grillhitze reduziert werden. Mit einem Sous-Vide-Gerät kann das Grillgut vor dem Grillen mit Aromen und Gewürzen vakuumiert werden und in einem Wasserbad bei einer Temperatur von unter 100 °C vorgaren. Das grilltypische Finish erhalten die Stücke auf dem Rost über starker und direkter Hitze.

Indirektes Grillen

Hierbei wird das Grillgut nicht über der Glut, sondern etwas versetzt daneben gegart. Für diese Technik wird ein Grill mit Deckel sowie eine Tropfschale benötigt. Die Temperaturen liegen zwischen 140–180 °C. Bei geschlossenem Deckel verteilt sich die Hitze und umströmt das Grillgut fast wie im Backofen. Gleichzeitig zirkulieren die Aromen der Gewürze und verleihen dem Grillgut ihren Geschmack. Auch die Aromen der verglühenden Kohle kommen so besser zur Geltung, besonders, wenn Räucherelemente, z.B. feuchte Späne oder Kräuter, mitverwendet werden. Mit der indirekten Methode lassen sich große Stücke wie Brisket, Braten, Keulen, ganzes Geflügel oder Fische perfekt zubereiten. Auch anspruchsvollere Zubereitungen sind auf diese Art möglich, z.B. mit Grills, die mit einer Ladung Holzkohle bis zu 18 Stunden die Temperatur auf 90 °C halten. So viel Zeit ist notwendig, um z.B. ein sechs Kilogramm schweres Brisket butterweich und saftig hinzubekommen. Ein weiterer Vorteil des indirekten Grillens besteht darin, dass kein Fett oder Saft in die Glut tropfen kann, wenn sich das Grillgut schräg oberhalb der Glut befindet. Eine Tropfschale oder Wanne mit Wasser fängt alle Flüssigkeiten auf, nichts kann in das Grillgerät fließen oder sich an der Glut entzünden. Die Wasserwanne sorgt außerdem für eine bessere Luftfeuchtigkeit, die vor allem lange garenden großen Stücken zugutekommt. Der Vorteil dabei: Das Gargut gart schonend und stressfrei für den Grillmaster. Auch das Risiko des Verbrennens ist deutlich geringer. Nachteilig hingegen ist die Tatsache, dass das Gargut länger benötigt, um gar zu werden. Außerdem ist zu beachten, dass sich nicht auf jedem Grill eine indirekte Zone schaffen lässt.

Eine andere Art indirekter Hitzezufuhr ist das Grillen im Topf mit Deckel, Ton, Bananenblatt oder Backpapier. Die Hülle hat zwei Funktionen: Sie stellt einen Schutz vor aggressiver Hitze dar und lässt die Wärme nur langsam und gleichmäßig dosiert einwirken. Zum anderen bleiben sämtliche vorhandenen Aromen eingeschlossen und können sich nicht verflüchtigen. Die Geschmackselemente kombinierter Päckcheninhalte – z.B. Fisch mit Algen und Limette, Rindfleisch mit Ursalz und Thymian oder Wirsing mit Blauschimmelkäse und Walnüssen – können optimal aufeinander einwirken. Nichts kann verbrennen, und die Päckchen können meist auch direkt auf der Hitze platziert werden. Allerdings bilden sich keine Röstaromen, und es sollten nur solche Zutaten verpackt werden, die auch ohne Röstaromen gut schmecken, z.B. Meeresfrüchte, Geflügel und Fischfilets sowie Käse und manches Gemüse. Besonderer Tipp zum Einpacken: gefüllte Auberginen.

Oberhitze Grillen

Vor allem Fleisch- und Steakliebhaber werden das Oberhitze Grillen lieben. Durch die hohe Hitze von 800 °C und die direkte Hitze von oben kann die Garstufe präzise getroffen werden. Außerdem wird das Fleisch von außen knusprig, während es innen schön saftig bleibt.

Aber nicht nur Steaks lassen sich auf dem Oberhitzegrill zubereiten, sondern auch Fisch, Meeresfrüchte, Gemüse, Pizza und Desserts. Im Vergleich zu sonstigen Grillarten muss man hier aber aufpassen, denn durch die hohe Hitze verkürzt sich die Grillzeit. Oft sind die Zutaten bereits nach 2-3 Minuten fertig. Also genau das Richtige für ungeduldige und hungrige Griller*innen.

Smoken

Beim Smoken geht es ums Garen und Aromatisieren im Rauch, wie man es traditionell aus Nordamerika kennt. Es ist trotz einiger Gemeinsamkeiten aber nicht dasselbe wie das klassische Räuchern. Das Smoken ist eine Technik, bei der vor allem größere Fleischstücke gegart und mit Rauch aromatisiert werden, wobei sie sofort auf den Tisch kommen. Beim Smoker befindet sich die Hitzequelle nicht direkt unter dem Grillgut, sondern in einer Kammer daneben. Die Innentemperatur steigt daher nur auf maximal 80–120 °C in dem Bereich, wo sich das rohe Lebensmittel befindet. Wegen der geringen Hitze kann sich der Smokevorgang über Tage hinziehen, aber abhängig von der Temperatur und der Größe des Stücks reichen in der Regel auch schon wenige Stunden. Es kommt allein darauf an, dass das Gargut schonend gegart wird, möglichst viel von seiner Feuchtigkeit behält und die Geschmacksstoffe der verwendeten Aromaten von Rubs über Marinaden bis zu den verwendeten Spänen aufnimmt. Die ideale Temperatur beim Smoken beträgt 90–110 °C. Das hat den Vorteil, dass sich auch Fleischstücke, die einen hohen Anteil an Bindegewebe haben (z. B. Wadenfleisch, Schulter, Brust, Rippenstücke, Ochsenschwanz), butterzart und herrlich aromatisch zubereiten lassen. Das Wassersmoken wendet man bei großen Fleischstücken an. Unter den Rost kommt eine Wanne mit Wasser, damit das Grillgut in der verdunstenden Feuchtigkeit nicht austrocknet. Wenn man mit dem Grill oder Smoker räuchert, tut man dies nicht aus Gründen der Haltbarmachung wie beim harten Räuchern früherer Zeiten, sondern um einen bestimmten Geschmack zu erzeugen. Die vergleichsweisen strengen Vorgaben des klassischen Räucherns – z. B. wie stark und wie lange salzen bzw. pökeln? – spielen daher bei einer Grillparty keine Rolle. Doch unter Berücksichtigung kulinarischer Ansprüche braucht auch der Umgang mit dem Smoker einige Erfahrung.

Tipp

Auch wer keinen Smoker zu Hause hat, muss deswegen nicht unbedingt auf das Räucheraroma verzichten. Es gibt Keramikgrills, die eine Öffnung für eine Schiene haben, über die man während des Grillens bei niedriger Temperatur ab und zu etwas Holz auf die Glut bringen kann. Eine weitere Alternative bieten Räucherschalen, die man in einen einfachen Kugelgrill stellt. Oft reicht es auch schon, gut gewässerte Späne in die etwas kühleren Randbereiche der Glutzonen zu streuen.

Räuchern

Kaltgeräucherter Lachs, heißgeräucherter Stremellachs, Forelle, Schinken, Schweinebauch, Leberwürste und viele weitere Köstlichkeiten mehr werden von manchen handwerklichen Betrieben noch mit traditionellen Techniken hergestellt und erfreuen sich großer Beliebtheit. Aber man kann ohne größeren Aufwand auch selbst räuchern. Das Räuchern ist ein altes Verfahren, mit dem Lebensmittel mithilfe von Rauch und gegebenenfalls auch Hitze für eine möglichst lange Zeit haltbar gemacht werden sollen. Der Gedanke dahinter war, dass empfindliches und verderbnisanfälliges Räuchergut, wie z. B. größere Mengen gefangenen Fischs, nicht sofort verzehrt werden musste und vielleicht verkauft werden konnte. Oder es sollte – ohne vorhandene Kühlung – an einen anderen Ort transportiert werden. Heute ist man auf die Haltbarmachung durch Räuchern nicht mehr angewiesen, aber es wird noch immer wegen seiner geschmacklichen Eigenschaften geschätzt.

Beim Räuchern passiert zweierlei: Zum einen verliert das Räuchergut, das vor dem Räuchern gesalzen oder gepökelt werden muss, einen Teil seiner Flüssigkeit. Den verderbniserregenden Bakterien, die auf Flüssigkeit angewiesen sind, soll auf diese Weise die Lebensgrundlage entzogen werden. Zum anderen dringen bestimmte Rauchbestandteile in das Räuchergut ein und sorgen dort ebenfalls für einen konservierenden Effekt. Heißgeräucherter Fisch sollte möglichst bald gegessen werden, kaltgeräucherter hält sich ein paar Tage, ein kaltgeräucherter Schinken bleibt monatelang ein Genuss. Der Geschmack wird unter anderem durch das jeweils verwendete Holz beeinflusst. Dabei ist zu beachten, dass das Holz nicht einfach nur verbrennt. Um sein Aroma optimal zu entfalten, muss Holz glimmen. Bei der Verwendung von Räucherschalen liegt das Räucherholz nicht direkt auf der Glut und kann (nicht so schnell) in Flammen aufgehen. Es wird zwischen Kalträuchern und Heißräuchern bzw. Warmräuchern unterschieden. Beim Heißräuchern werden Fisch oder Fleisch in einer Rauchtemperatur von 60–100 °C über 20–120 Minuten oder auch länger durchgegart. Empfohlen für Geflügel, Würstchen, Forelle, Eier, Gemüse und Kartoffeln. Beim Kalträuchern darf der Rauch nur 20–26 °C heiß werden und das Räuchergut bleibt roh. Für Schinken, Rind, bestimmte Würste, Lachs, Gänsebrust und Bergkäse kann das Kalträuchern mehrere Tage und Wochen dauern und ist daher für Smoker bzw. Hobbyräucherer eher ungeeignet. Das Warmräuchern spielt sich bei Temperaturen von 30–50 °C ab. Ideal für Kassler, Heilbutt, Rotbarsch, Bierwürste, Saitenwürste, Fetakäse und Weichkäse.

Ruhephase

Gilt für alle Gartechniken, wird aber oft unterschätzt und gern der Ungeduld geopfert: die Ruhephase. Jedem Stück Fleisch sollte unmittelbar nach dem Garprozess – Grillen, Smoken, auch nach dem Braten – eine Ruhepause von fünf, besser zehn Minuten gegönnt werden. Dafür das Fleisch idealerweise an eine mäßig warme – nicht heiße! – Stelle legen und ruhen lassen. Eventuell in Alufolie packen. In dieser Zeit wirkt die innen gespeicherte Grillwärme von außen nach innen noch etwas fort, und der Fleischsaft verteilt sich gleichmäßig. Wer hingegen sein Steak unmittelbar nach dem Garen anschneidet, hat immer sofort eine Pfütze auf dem Teller und damit einen Verlust an Aromen sowie Saftigkeit.

Garzeit & Kerntemperatur

Egal, ob kleine Steaks, halbe Tiere oder ganze Fische – wenn etwas auf dem Feuer gelingen soll, müssen die Kerntemperaturen im Auge behalten werden.

Beim Grillen und Smoken von Fleisch, insbesondere von großen und ganz großen Stücken sind zwei wesentliche Dinge zu beachten: Zum einen sollte das Grillgut nicht direkt aus dem Kühlschrank auf den Rost kommen, sondern vorher mit etwas Zeit – je nach Volumen des Stücks eine ganze Stunde oder sogar deutlich länger – Raumtemperatur annehmen. Idealerweise ist es dabei vakuumverpackt, aber es kann auch in Küchenfolie gewickelt sein. Zum anderen wird ein Fleischthermometer benötigt. Es wird so in das Fleisch hineingeschoben, dass der Fühler an der dicksten Stelle des Stücks endet.

Eine Skala zeigt für die Fleischarten Rind, Kalb, Schwein, Lamm und Huhn an, wie weit der innere Garprozess fortgeschritten ist. Auch für Wild geeignet. Die kleinen Messgeräte sind erschwinglich und helfen mit, selbst flache kurzgebratene Stücke im gewünschten Zustand auf den Teller zu bringen. Im Prinzip können mit dieser Methode auch rohe Bratwürste geprüft werden, aber sie sollten immer gut durchgegart sein. Damit sie nicht platzen, immer mit etwas Zeit und nur mit maßvollen Temperaturen arbeiten. Vorgebrühte Würste sind insgesamt weniger empfindlich, können aber auch platzen.

Rind	rosa	medium	well done/ durch/gar
Roastbeef	53 °C	55–60 °C	
Rinderbrust			90–95 °C
Rinderbraten	68–70 °C	70 °C	80–85 °C
Rinderfilet	45–50 °C	50–55 °C	60–65 °C
Flanksteak		55 °C	
Brust/Brisket			85 °C
Falsches Filet		60–65 °C	70–75 °C
Rouladen aus dem Filet		58 °C	
Rouladen aus der Keule			70 °C
Rinderlende	38–55 °C	55–58 °C	
Ribeye-Steak	48 °C	53–55 °C	
T-Bone-Steak	49 °C	54–58 °C	

Schwein	rosa	medium	well done/ durch/gar
Keule	65–68 °C		75 °C
Medaillons	65–67 °C		
Rücken	55–60 °C	65–69 °C	70–80 °C
Schweinefilet	58–62 °C	62–64 °C	65 °C
Kamm/Hals			70–74 °C
Schulter		65–70 °C	75 °C
Pulled Pork			95 °C
Bauch			75–78 °C
Bauch gefüllt			70–75 °C
Rippchen/Spare Ribs	65 °C		85 °C
Brustspitze			85 °C
Hackbuletten			75 °C
Kotelett mit Knochen			75–80 °C
Spanferkel	65 °C		

Kalb	rosa	medium	well done/ durch/gar
Kalbsrücken	65–70 °C		
Schlegel/Keule			78 °C
Nierenbraten			75–80 °C
Kalbsbraten			68–74 °C
Kalbsschulter			75–80 °C
Kalbsbrust (gefüllt oder ausgelöst)			75–78 °C
Kalbsbraten gefüllt			70 °C
Oberschale			78 °C
Frikandeau			78 °C
Haxe			80–85 °C
Keule			78 °C
Nierenbraten			75–80 °C
Nuss			78 °C
Schulterbraten			74 °C
Kalbslende		60 °C	
Kalbsfilet		60 °C	

Geflügel	rosa	medium	well done/ durch/gar
Ente			80–90 °C
Entenbrust	62–65 °C		
Perlhuhnbrust			70 °C
Hähnchen			80–85 °C
Hähnchenbrust			72 °C
Maispoularde			80–85 °C
Poulardenbrust			72–75 °C
Pute			80–90 °C
Putenbraten			80 °C

Lamm	rosa	medium	well done/ durch/gar
Lamm			79–85 °C
Lammkeule	60 °C		70–72 °C
Lammrücken	60–62 °C		68 °C
Lammkarree	55 °C		
Lammkotelett	55 °C		

Fisch	verzehrfertig
Hecht	63 °C
Lachs	60 °C
Mousse de Poisson	65 °C
Zander	62 °C
Seeteufel glasig	55–60 °C
Seeteufel	62 °C
Thunfisch	62 °C
Krevetten	62 °C
Rotbarsch	55 °C

Wild	rosa	medium	well done/ durch/gar
Rehbraten			75–80 °C
Rehrücken	50–60 °C		
Rehrücken gespickt			58–60 °C
Rehschulter	60 °C		
Hirschrücken	54–60 °C		
Hirschmedaillons	60 °C		
Hirschbraten	60 °C		
Wildschweinbraten			75–78 °C
Wildschweinfilet	60–62 °C		
Wildschweinkeule			75 °C
Kaninchenkeule			65 °C

Dutch Oven

Mit dem gusseisernen Topf über offenem Feuer raffinierte Speisen zubereiten:

Der Dutch Oven ist ein speziell geformter schwerer, gusseiserner Topf mit Deckel. Er wird auf einem kurzen Dreibein direkt über die Glut gestellt oder mit einer Kette an einem langen Dreibein etwas erhöht über der Glut aufgehängt. Zwei Besonderheiten machen ihn einzigartig: Zum einen lässt sich Hitze auch von oben zuführen, indem glühende Kohlen auf den geschlossenen Deckel gelegt werden. Zum anderen lassen sich die Töpfe während des Garens stapeln, und es können so mehrere Gerichte gleichzeitig zubereitet werden. Der Dutch Oven wurde in den USA und Australien im 18. Jahrhundert während der großen Pionierzeit populär.

Feuertopf

Er ist in zahlreichen Größen verfügbar. Die kleinsten eignen sich für 1–2 Personen, die größten sogar für bis zu 20. Wenn mehrere Töpfe gestapelt werden, kann noch viel mehr zubereitet werden. Da mit dem Dutch Oven auch gebacken werden kann, ist er vielseitig verwendbar. Die dickwandigen Töpfe leisten selbst bei strengen Wintertemperaturen gute Dienste und lassen ein besonderes Outdoor-Feeling entstehen. Die Zubereitung im Gusstopf ist aber nichts für den schnellen Hunger und das Warten auf die fertigen Speisen verlangt etwas Geduld. Es müssen meist mehrere Stunden Vor- und Zubereitungszeit eingeplant und daher immer früh anfangen werden.

Backen und Braten über offenem Feuer

Für die Zubereitung der Speisen im Dutch Oven gibt es Faustregeln: Beim Kochen beispielsweise von Suppen und Eintöpfen gilt: Ein Drittel der heißen Briketts oder Kohlen auf dem Deckel und zwei Drittel unter dem Behälter verteilen. Beim Backen, beispielsweise von Brot und Kuchen, gilt: Zwei Drittel der heißen Briketts oder Kohlen auf dem Deckel und ein Drittel unter dem Dutch Oven verteilen. Beim Schmoren, beispielsweise von Schweinebraten, gilt: Die eine Hälfte der heißen Briketts oder Kohlen auf dem Deckel, die andere unter dem Topf verteilen. Beim Braten, beispielsweise von Kartoffeln, gilt: Heiße Briketts oder Kohlen nur unter dem Dutch Oven verteilen, damit sich die ganze Hitze dort konzentrieren kann. Durch die unterschiedliche Verteilung der Briketts oder Kohlen wird eine differenzierte Ober- und Unterhitze erzeugt. Auf diese Weise lässt sich der Dutch Oven für alles nutzen, was auch sonst in einem Topf gar werden kann. Grundsätzlich gilt: Mit weniger Glut beginnen und besser noch Hitze nachlegen. Je nach Größe der Briketts oder Kohlen wird mehr oder weniger Brennstoff benötigt. Aber Briketts oder Kohlen nie abzählen, und besser immer eine kleine Reserve griffbereit halten. Die genaue benötigte Menge ist eine Sache der Erfahrung, die man sich beim regelmäßigen Umgang mit dem Dutch Oven schnell aneignet.

Gusseiserne Backformen

Feuerstellen bieten sich auch zum Backen von Brot oder Kuchen an. Dafür kann entweder der klassische Dutch Oven oder als Alternative eine gusseiserne Brot- bzw. Gugelhupfform mit Deckel verwendet werden. Wichtig dabei ist, dass sich genügend Glut unter und über der Form befindet, damit der Teig wie in einem Backofen backen kann. Für das Outdoorbacken gilt dasselbe wie für den Backofen: Zu viel Hitze schadet und kann den Teig verbrennen. Deshalb auf eine angemessene Dosierung der Hitzequelle achten!

Besonders geeignet für:

Zum Schmoren und für Eintöpfe in kleinen und sehr großen Mengen sowie für das Backen von verschiedenen Broten und Kuchen.

Smokerguide

Der klassische BBQ-Smoker wird auch Offset-Smoker, Barrel-Smoker oder Pit-Barrel-Smoker genannt. Er hat einen großen Garraum, eine seitlich leicht nach unten versetzte Feuerbox sowie einen Kamin bzw. einen Schornstein. Manche Modelle verfügen auch über einen zusätzlichen Räucherturm, der sich an der Seite nach dem Garraum anschließt – diese Smoker werden auch Chuckwagon oder Lokomotive genannt. In der Feuerbox (die sogenannte Firebox oder Side-Fire-Box) wird ein Feuer mit Holzkohle, Briketts oder Holz entfacht. Die Hitze wird durch den Kamineffekt durch den Garraum bis zum Kamin geführt. Das Gargut liegt in diesem Luftstrom und wird durch die Hitze gegart. Durch den Rauch, der das Fleisch umströmt, erhält es ein außergewöhnliches Aroma. Smoker sind sehr vielseitig einsetzbar. So lässt sich neben der klassischen Zubereitung im Garraum auch Fleisch mit direkter Hitze auf Grillrosten in der Feuerbox garen. Die Feuerbox kann aber auch als Feuerstelle, z. B. für einen Dutch Oven, genutzt werden. Aufgrund der Entfernung zur direkten Hitze steht der komplette Garraum als Zone für indirekte Hitze zur Verfügung.

Der Schwerpunkt liegt in der langsamen Zubereitung von Speisen im Niedrigtemperaturbereich zwischen 80–120 °C. Hier sprechen die Amerikaner von „low & slow". Der Smoker kann aber auch problemlos den Temperaturbereich bis 200 °C abdecken und somit auch zum Backen von Broten, Brötchen, Kuchen oder zur Zubereitung von Pizza eingesetzt werden. Die Temperatur im Garraum des Smokers wird von der Anzahl und Größe der Holzscheite bzw. der Menge an Holzkohle oder Briketts beeinflusst. Ein zweiter Faktor bei der Temperaturkontrolle ist die Sauerstoffzufuhr in der Feuerbox. Grundsätzlich gilt: Je größer die Sauerstoffzufuhr und höher der Luftzug bzw. der Kamineffekt ist, desto höher und schneller steigen die Temperaturen. Die Sauerstoffzufuhr in der Feuerbox lässt sich durch die Ventile an der Seite bzw. durch den Feuerboxdeckel und den Kaminabzug regulieren. Die richtige Sauerstoffzufuhr ist auch elementar für die Dosierung des Holzaromas am Gargut. Es sollte eine möglichst saubere Verbrennung erfolgen. Dies bedeutet, dass die Holzscheite ein richtiges Feuer entwickeln können und nicht nur vor sich hin glimmen oder kokeln. Bei einer sauberen Verbrennung ist der aus dem Kamin austretende Qualm nahezu durchsichtig und hell. Dunkler Rauch oder grauer Qualm kann schnell dazu führen, dass der Geschmack des Gerichtes bitter oder ungenießbar wird.

Eine Variante des BBQ-Smokers ist der sogenannte Reverse Flow Smoker. Er ist optisch dem Offset-Smoker sehr ähnlich, unterscheidet sich aber in einem entscheidenden technischen Detail beim Kamineffekt. Der Kaminabzug des Reverse Flow Smokers befindet sich auf der Seite der Feuerbox. Die heiße Luft wird unter dem Garraum durchgeführt und strömt dann zurück durch den Garraum zum Kamin. Dies verändert die Temperatursteuerung und begünstigt das schonende Garen größerer Fleischstücke z. B. von Pulled Pork oder Rinderbrust (Brisket). Zum Betrieb eines Smokers eignen sich sehr viele Hölzer. Wichtig ist, dass sie gut getrocknet sind. Jede Art entwickelt dabei ein einzigartiges Aroma im Zusammenspiel mit dem Gargut sowie den Gewürzen und Marinaden. Die Nutzung von Hartholz wie Buche und Eiche sowie Frucht- und Nusshölzern ist sehr verbreitet. Bei den Weichhölzern eignen sich Birke, Pappel und Erle. Frucht- und Weichhölzer führen im Gegensatz zu den Harthölzern zu einem milderen Raucharoma, während bei Harthölzern eher ein kräftigeres Aroma entsteht. Neben der kompletten Befeuerung eines Smokers durch ein reines Holzfeuer kann man einen Smoker auch mit Holzkohle oder Briketts auf Temperatur halten. In diesem Falle kann die Aromatisierung durch den Einsatz von Holzchips und Holzchunks erfolgen. Holzchips sind kleinere Holzstücke, die während des Garvorganges auf die glühenden Kohlen oder Briketts gegeben werden. Der Rauch, der durch die Verbrennung entsteht, aromatisiert das Gargut entsprechend. Unter Holzchunks versteht man größere bis etwa faustgroße Holzstücke, die in der Handhabung ähnlich wie die Holzchips auf die Glut gegeben werden. Chunks können im Gegensatz zu Chips über einen etwas längeren Zeitraum Holzrauch abgeben.

Alternativen zum Smoker

Ugly Drum Smoker (kurz UDS) sind Smoker in der Optik eines großen Stahlfasses. Die Steuerung und Funktionsweise ist relativ simpel, aber sehr effektiv. Im unteren Bereich des Fasses wird ein Feuer erzeugt. Über verschiedenen Ebenen werden Deflektorplatten und Grillroste eingehängt. Die Temperatursteuerung erfolgt über Ventile im unteren Bereich der Tonne und über ein Ventil im Deckel des Fasses. Der Water-Smoker ist in seiner Funktionsweise und dem Aufbau ähnlich, jedoch meist etwas kleiner und mit geringerem Umfang als der UDS. Zur Stabilisierung des Klimas im Smoker kommt eine gefüllte Wasserschale zum Einsatz. Auch besteht die Möglichkeit, das Gargut über verschiedene Ebenen zu verteilen oder größere Stücke hängend zu garen. Keramikgrills besitzen die Optik eines Eies und sind komplett aus Keramik gefertigt, wodurch eine lange Hitzespeicherung ermöglicht wird. Die Geräte werden jedoch nicht mit Holz befeuert. Die Bauweise sorgt dafür, dass eine konstante Temperatur mit einer kleinen Menge Holzkohle oder Briketts über lange Zeit hinweg gehalten werden kann. Der Holzgeschmack wird durch die Zugaben von Holzchips oder Chunks erreicht. Geteilte Roste und Deflektorplatten sorgen für die notwendige Unterteilung in direkte und indirekte Hitze.

Pelletgrills werden mit Holzpellets (gepressten Holzspänen) betrieben. Diese werden meist aus einem außerhalb des Grills befindlichen Tank durch eine Förderschnecke zu einem Brenner im Garraum befördert. Eine elektronische Steuerung mit Temperaturfühler misst die Temperatur im Garraum und steuert den Brenner mittels Sauerstoffzufuhr. Dies ermöglicht eine präzise Temperatursteuerung des Grills, bei der die benötigte Temperatur einfach über ein Bedienfeld eingegeben werden kann. Viele Geräte ermöglichen eine Steuerung via App, so lassen sich Zieltemperaturen und der Gargrad der Speisen sehr komfortabel und bequem vom Smartphone oder Tablet aus steuern und kontrollieren. Eine weitere Option sind Gassmoker. Ähnlich wie bei normalen Gasgrills erfolgt die Temperatursteuerung über einen oder mehrere Gasbrenner. Das Raucharoma entsteht durch den Einsatz von Holzchips, die über dem Brenner erhitzt werden und Raucharoma an die Speisen abgeben. Beliebt sind auch reguläre Gasgrills. Hier ist wichtig, dass diese über mindestens drei Brenner verfügen, um eine ausreichende Fläche für indirekte Hitze zu gewährleisten. Der Einsatz von Holzchips ist auch auf einem Gasgrill möglich. Zusätzliches Zubehör in Form von Metallboxen und Röhren ermöglicht das Verbrennen von Holzchips über den Gasbrennern. Auch der klassische Kugelgrill lässt sich zur Zubereitung von BBQ-Gerichten verwenden. Die meisten Grills verfügen über zwei einzelne Kohlekörbe. Mithilfe dieser Kohlekörbe lassen sich flexibel unterschiedlich große Zonen für indirekte und direkte Hitze bilden. Die Aromatisierung des Gargutes mit Raucharoma erfolgt ebenfalls über Holzchips und Chunks. Ohne Kohlekörbe eignet sich der Kugelgrill auch für längere Garzeiten. Hierbei werden Holzkohlebriketts – ähnlich wie beim Domino – kreisrund im Grill hintereinander ausgelegt (sogenannte Minion-Ring-Methode). Mit der richtigen Menge glühender Briketts zum Start und etwas Übung bei den Ventileinstellungen kann der Grill auch über 8–10 Stunden mit einer Kohleladung bei 110 °C Grilltemperatur betrieben werden.

Cuts

Jedes Teilstück eines Tieres hat spezifische Eigenschaften, die sich auf Geschmack, Zartheit und Behandlung in der Küche auswirken.

Geflügel

Die Beliebtheit von Geflügelfleisch resultiert aus seiner Vielseitigkeit: Die Gesundheitswerte sind hoch, die Garzeiten kurz, es hat geschmacklich viel zu bieten und kann außerdem abwechslungsreich zubereitet werden. Wobei je nach Gewicht, Alter und Geschlecht zwischen Hähnchen (700–1200 g, 5–6 Wochen alt), Poularden (über 1200 g, 10–12 Wochen alt) und Stubenküken (200–750 g, nicht älter als 4 Wochen) unterschieden werden muss. Sie kommen ganz oder zerlegt über die Glut. Teile von Ente und Pute sind ebenfalls das ganze Jahr gefragt, während Gänse als Saisonartikel im Herbst und Winter auf den Rost kommen.

ZUBEREITUNG DER GEFLÜGELTEILE

Im Ganzen: Zubereitung auf Bierdose, Geflügelhalter oder am Drehgrill.

Innereien: Magen, Herz und Leber bieten sich für vielfältige Spieße an. Vorher gut waschen, trocken tupfen und alles gleich groß schneiden.

Brust: Wird im Ganzen mit oder ohne Haut oder in Würfel geschnitten auf Spießchen gegrillt.

Keulen: Lassen sich im Ganzen oder zerteilt mit oder ohne Haut grillen.

Flügel/Wings: Im Ganzen mit Haut grillen. Am besten vorher marinieren.

Tipp

Rohes Geflügelfleisch ist ebenso wie Wildbret sehr anfällig für Erreger. Es sollte daher bis kurz vor dem Grillen gut gekühlt werden bzw. in einer Kühltasche mit an den Grillort genommen werden.

Schwein

Schweinefleisch ist meist etwas fetthaltig und verspricht daher immer einen saftigen Genuss. Seine kulinarische Vielseitigkeit sollte daher stets ausgereizt werden, damit die Schweinesteaks, die auf keiner Grillparty fehlen dürfen, nie langweilig werden. Optimale Qualität beim Schweinefleisch kann an einem angenehmen Geruch, einer zarten bis kräftigen rosa Farbe, sowie an weißen Fettadern und -rändern festgestellt werden. Qualitätstest: Das Fleisch sollte fest sein und auf Fingerdruck zwar leicht nachgeben, aber keine Mulde hinterlassen. Schweinefleisch immer durchgaren, am besten bis knapp über rosa, dann ist es am saftigsten.

ZUBEREITUNG DER FLEISCHTEILE

Bauchfleisch: Meist in Scheiben geschnitten und mariniert oder als Würfel für Spieße. Im Ganzen kommt es mariniert und vorgekocht auf den Grill.

Filet: Gut als Medaillons, im Ganzen oder als Spieß. Sehr zart, nur kurz garen.

Kotelett: Vorher nass oder trocken marinieren, mindestens eine Stunde lang, besser über Nacht. Kotelettrippchen am Stück sind in den USA als Baby Back Ribs aus dem oberen Rippenbogen äußerst beliebt. Bietet sich als Fingerfood an.

Hals/Schulter: Meistens als Steaks, im Smoker auch im Ganzen (Pulled Pork).

Spare Ribs: Lange marinieren und langsam grillen. Vorher bedenken: Der Appetit auf die Köstlichkeit ist immer größer als vorher gedacht, und der Platzbedarf auf dem Grill dann ebenfalls.

Nacken: Ist meist gut durchwachsen und wird auch im Ganzen gegrillt (Pulled Pork).

Ober-/Unterschale: Hieraus werden Bratenstücke und Schnitzel geschnitten.

Spießbraten: Bauch- oder Schulterfleisch lässt sich zu Rollbraten binden. Auf den Drehspieß stecken oder unter die Haube legen. Braucht etwas Zeit.

Ganze und halbe Spanferkel: Gefüllt oder nicht, auf dem Drehspieß immer ein Hingucker. Könnte auch ruhend unter dem Deckel gegart werden. Dann zwischendurch immer mit abtropfendem Fond bepinseln.

Ganze Schinken und Rücken: Für mehr Geschmack und Saftigkeit im Vorfeld eine Würzlake einspritzen.

Rind und Kalb

Rindfleisch von guter Qualität sollte immer gut gereift sein, umso besser gart es, und umso mehr Geschmack hat es. Die Qualität von Rindfleisch zeigt sich an der Marmorierung, die wiederum von Alter, Haltung und Rasse abhängt. Das enthaltene Fett schmilzt während des Garens weitgehend und begünstigt als Geschmacksträger ein ausgeprägtes Aroma. Außerdem garantiert es eine schöne Saftigkeit. Das Fleisch von älteren Bullen ist sehr dunkel, das von Kälbern erheblich heller.

ZUBEREITUNG DER FLEISCHTEILE

Kalbskotelett: Ist mit Knochen gegrillt saftiger, auf jeden Fall nie zu heiß grillen.

Kalbsfilet: Kommt meist in Form von Medaillons oder als edle Spieße auf den Rost.

Rinderfilet: Eins der beliebtesten Steaks überhaupt. Aus Spitzen und Kopf lassen sich schnell zu garende Spieße machen. Schöner Eigengeschmack, für Würzexperimente zu schade.

Kalbshüfte: Im Ganzen als Braten indirekt oder als Steak direkt grillen.

Kalbshaxe: Am besten mehrere Stunden smoken, dann sind auch Sehnen und Bindegewebe schön zart.

Rinderbrust/Brisket: Schön marmorierte Brustspitze, ideal für etwa 10–16 Stunden Garzeit und bei niedriger Temperatur im Smoker. Kann auch zuerst ins Sous-Vide-Bad gegeben werden.

Roast Beef: Auch Rumpsteak genannt, marmoriert, als Steaks oder am Stück.

Ribeye: Auch Entrecôte genannt, bekannt für sein charakteristisches Fettauge.

Flat Iron/Nacken: Sehr gut mit Fett durchwachsen und äußerst aromatisch.

Spider Steak/Kachelfleisch: Schön marmoriert, erinnert im Zuschnitt an eine Fledermaus.

Short Ribs: Stammen aus den stark mit Fett überwachsenen Brustrippen.

Lamm

Bei Lammfleisch kommt es auf das Alter des Tieres an. Faustregel: Je jünger, desto zarter die Konsistenz – aber auch von leicht geringerem Aroma. Lämmer kommen spätestens im Alter von zwölf Monaten zum Schlachter, bei älteren Tieren spricht man dann von Schafen. Ist das Lamm noch keine sechs Monate alt, handelt es sich um ein sogenanntes Milchlamm. Gutes Lammfleisch erkennt man an seiner besonders feinen Marmorierung. Dabei sind Fett und Fleisch umso heller, je jünger das Tier war. Ganze und halbe Tiere können beim Schlachter, im Lammfachgeschäft oder bei türkischen Händlern vorbestellt werden. Ihre Zubereitung braucht meist ein paar Stunden.

ZUBEREITUNG DER FLEISCHTEILE

Filet/Lachs: Im Ganzen wie als Medaillons ideal, passt auch auf kleine Spieße. Sehr zartes, mageres Fleisch.

Rücken mit Knochen: Im Ganzen indirekt grillen. Am besten vorher lange marinieren.

Kotelett: Typisch mit langen Rippenknochen. Sie lassen sich einzeln und auch als Rückenstück grillen.

Keule: Festes Muskelfleisch und daher auch kräftig im Geschmack. Kommt meist in Scheiben geschnitten als Steaks auf den Grill. Aber auch im Ganzen mit Knochen und muss dann unter dem Deckel gegart werden.

Hackfleisch und Würste

Hackfleischzubereitungen und Würste sind die zeitlosen Klassiker auf den Grillrosten. Schnell zubereitet und selbst Grillanfänger können kaum etwas falsch machen.

Buletten/Frikadellen: Aus gewolftem Fleisch von Rind, Schwein, Kalb und Lamm. Sortenrein oder gemischt. Aus purem Fleisch oder mit eingeweichtem Brötchen und Ei. Aber immer herzhaft gewürzt.

Patties: Traditionell aus reinem Rindfleisch, am besten mit einem ca. 20-prozentigen Fettanteil, weil sie sonst trocken wirken und meist sehr kompakt werden. Burger lassen sich ebenso gut aus jedem anderen Fleisch zubereiten – allein die Vorliebe entscheidet.

Würste: Verschiedene Grill- bzw. Bratwürste – fein oder grob, vorgegart oder roh, kurz, lang oder als Schnecke – werden entweder im Ganzen oder an Spießen gegrillt. Für alle Wurstspezialitäten gilt: Nicht zu heiß grillen, sonst platzen sie auf.

Würzen & Marinieren

Für Abwechslung und Gaumenkitzel bei der Fleischzubereitung sorgen die richtigen Gewürze. Worauf kommt es an?

Gutes, hochwertiges Fleisch hat so viel köstliches Eigenaroma, dass bestenfalls nur ein paar Krümel Salz nötig sind, damit es perfekt schmeckt. Trotzdem wird gern zu allen möglichen Aromaten gegriffen, um dem Stück auf dem Teller eine besondere Note zu geben. Das liegt zum einen daran, dass die Lust auf Geschmack immer wieder nach Abwechslung ruft, hängt aber auch damit zusammen, dass Küchenkräuter und Gewürze nicht nur unseren Gaumen verwöhnen, sondern auch zu einer besseren Bekömmlichkeit beitragen, die Verdauung unterstützen und auch sonst viel zu unserem Wohlbefinden beitragen. Im Prinzip ist das Würzen von Fleisch eine reine Geschmackssache. Jeder entscheidet individuell, was er mag und was nicht. Dennoch gibt es Erfahrungswerte, welches Kraut zu welcher Fleischsorte eher gut oder vielleicht auch gar nicht passt. Außerdem hilft es zu wissen, wie mit Kräutern und Gewürzen richtig umgegangen wird, um die Entfaltung der Aromen zu unterstützen und ein Verkochen oder Verbrennen zu vermeiden.

Aromenvielfalt

Welche Aromen gibt es überhaupt? Diese Frage beantwortet die britische Kochautorin Niki Segnit in ihrem Buch „Der Geschmacksthesaurus". Dort werden die wichtigsten Lebensmittel jeweils den folgenden uns bekannten Geschmacksrichtungen zugeordnet: würzig, waldig, frisch-fruchtig, mild-fruchtig, Zitrusaromen, von Strauch und Hecke, blumig-fruchtig, geröstet, Fleisch, käseartig, erdig, senfartig, schwefelig, maritim, Lake und Salz, grüne und Grasaromen. Innerhalb dieses Spektrums findet alles Schmecken und Würzen statt. Geschmack ist unbestreitbar eine ganz persönliche und individuelle Angelegenheit. Nicht jeder mag alles und nicht alle mögen dasselbe. Wenn jedoch hier von Geschmack die Rede ist, sind die Aromen gemeint, die das Schmeckbare nicht nur an einem Stück Fleisch, sondern auch an allen anderen möglichen Lebensmitteln ausmachen. Aromen verlangen Behutsamkeit im Umgang, denn was dem einen Genießer schon ein aufdringliches Zuviel ist, empfindet der andere noch als zu fade, und er möchte augenblicklich nachwürzen.

Traditionelles würzen

Beim Würzen von Fleisch sind wir in unseren Breiten über Salz und Pfeffer hinaus bestimmte Kombinationen gewohnt. Auch wenn wir persönlich nicht jede einzelne mögen, so sind sie uns doch vertraut. Die nachfolgenden Empfehlungen entsprechen weitgehend unserer Traditionsküche (ohne Anspruch auf Vollständigkeit).

WELCHES FLEISCH ZU WELCHEM GEWÜRZ?

Rindfleisch: Thymian, Petersilie, Schnittlauch, Oregano, Majoran, Liebstöckel, Knoblauch, Zwiebeln, Meerrettich, Chili, Muskat, Paprika, Piment, Wacholderbeeren, Säure

Schweinefleisch: Rosmarin, Fenchel, Petersilie, Salbei, Knoblauch, Zwiebeln, Chili, Muskat, Paprika, Kümmel, Lorbeer, Säure, Süße, Koriander, Senf, Ingwer, Nelke

Kalbfleisch: Estragon, Salbei, Kerbel, Paprika, Basilikum, Knoblauch, Zwiebeln, Säure

Lammfleisch: Thymian, Oregano, Rosmarin, Majoran, Minze, Kräuter der Provence, Knoblauch, Zwiebeln, Piment, Chili, Minze, Säure

Geflügel: Petersilie, Majoran, Beifuß, Thymian, Zwiebeln, Knoblauch, Ingwer, Chili, Paprika, Curry, Säure, Süße

Würztechniken

Kräuter immer erst zum Schluss zufügen, da sich ihre Aromen unter dem Einfluss von starker Hitze schnell verflüchtigen können.

Gewürze entfalten ihre Aromen nur in Flüssigkeit, in heißem Fett aber werden sie bitter. Daher Fleischstücke bzw. Innereien, die ohne weitere Zutaten angebraten werden, erst nachher würzen. Innereien und Fleisch, die mit frischem Gemüse in den Topf oder die Pfanne kommen, können vorher gewürzt werden, weil das Gemüse genug Flüssigkeit für die Gewürze abgibt.

Salz ist ein Mineral, das von heißem Fett nicht verändert wird, und kann – je nach Glaubensrichtung – auch schon vor dem Garen zugefügt werden (siehe „Marinieren", Seite 37).

BBQ-Rub

Eine besondere Form des trockenen Würzens stellt der Rub (engl. to rub = einreiben) dar. Dabei handelt es sich um Mischungen aus Gewürzen und (getrockneten) Kräutern, die in große Fleischstücke eingerieben bzw. dick auftragen werden. Während des Garens auf dem Grill oder im Ofen lassen sie eine würzige Kruste entstehen. Ein Rub besteht im Prinzip aus vier Zutaten: Dem geschmacksprägenden Hauptgewürz, z. B. Paprikapulver, dann Salz, ferner Süße (meist Zucker, gern Puderzucker) und außerdem einem besonderen Akzent, z. B. Chili oder Limettenschale. Nach dem Auftragen des Rubs das Fleisch am besten ein paar Stunden oder über Nacht, gut eingepackt oder vakuumiert, ruhen lassen. Während des Garens restlichen Rub oder abtropfenden Fond mit einem Kräuterbündel wie mit einem Pinsel immer wieder auf das Fleisch streichen.

Marinieren

Das nasse Würzen wird marinieren genannt. Der Wortstamm marin lässt vermuten, dass die Technik des Marinierens an Küsten (lat. mare = Meer) entstanden ist. Das französische Wort mariner bzw. mariné bedeutet übersetzt „eingelegt" bzw. „in Salzwasser eingelegt". Früher diente die Prozedur der Konservierung von Fleisch, Fisch und anderen Lebensmitteln, heutzutage jedoch vor allem der geschmacklichen Aufwertung. Dabei wird zwischen drei Typen unterschieden: Die leichte Marinade veredelt und unterstreicht den Eigengeschmack des Fleisches. Die aufwertende Marinade verändert bzw. verbessert ihn, während die dominierende Marinade selbst Teil des Geschmackserlebnisses ist. Das Prinzip besteht darin, eine Flüssigkeit oder eine fast flüssige Mischung aus Säure (Wein, Essig, Zitrussäfte oder Senf), Öl und Gewürzen sowie Kräutern nach Geschmack herzustellen und das Fleisch darin einzulegen. Dabei nimmt das eingelegte Gut den Geschmack der Marinade an. Das Fleisch wird damit gut bedeckt und muss anschließend ebenfalls mehrere Stunden ruhen.

Eine Trockenmarinade besteht manchmal nur aus einer Gewürzmischung oder aber auch Gemüse. Geflügelstücke beispielsweise kann man über Nacht in ein Bett aus Paprikaschoten, Tomaten, Knoblauch, Petersilie, Basilikum, Olivenöl und gestoßenem Pfeffer legen. Die Frage, ob eine Marinade Salz enthalten darf bzw. sogar soll oder ob das Fleisch erst nach dem Einlegen gesalzen wird, kann auch an dieser Stelle nicht abschließend beantwortet werden. Die Befürworter einer leicht gesalzenen Einlegeflüssigkeit argumentieren, das Salz wirke erst dann auf das Fleisch ein, wenn während der Zubereitung das Öl unter Hitzeeinwirkung dünnflüssig wird – die Salzkristalle werden vorher von dem Öl umschlossen. Außerdem sei Salz der Hauptbestandteil der Urmarinade gewesen. Die Gegner einer gesalzenen Marinade behaupten, das Salz entziehe den eingelegten Stücken viel Flüssigkeit und mache sie trocken. Die Wahrheit liegt in der Mitte: Wenn die Marinade nur so viel Salz enthält wie das Fleisch von Natur aus, steht sich beides neutral gegenüber und das Fleisch laugt weder aus, noch wird es übersalzen.

Auch zur Marinierdauer gibt es unterschiedliche Auffassungen: Die einen schwören auf mindestens 12–24 Stunden, den anderen reicht schon weniger als ein halber Tag. Man kann aber davon ausgehen, dass die Aromen der Marinade umso tiefer in das Fleisch eindringen, je länger die Ruhezeit ist. Kurze Marinierzeiten sind jedoch für Geflügelteile sinnvoll, die einen zarten Eigengeschmack haben, der sich gegen eine Langzeitmarinade nicht durchsetzen würde. Werden mehrere Steaks mariniert, dann keine flache Schüssel verwenden, sondern eine hohe Form, in der das Fleisch geschichtet werden kann. Auf die Weise baut sich Druck auf, der dazu führt, dass die Aromen noch besser in das Fleisch dringen. Dabei können auch ganze oder nur grob zerkleinerte Gewürze verwendet werden. Zuerst etwas Öl auf den Boden der Form geben, dann abwechselnd Fleisch und Marinade hineinlöffeln. Die oberste Fleischschicht soll aber mit Öl und Gewürzen abgedeckt sein. Vor dem Braten oder Grillen muss die Marinade abtropfen, weil ihre abfließenden Bestandteile in Verbindung mit großer Hitze verbrennen und ungesunden Rauch erzeugen. Beim indirekten Grillen darf die Marinade haften bleiben, weil sie nicht mit der Glut in Berührung kommen kann.

Rubs und Marinaden

BASIC-BBQ-RUB

Zutaten

8 EL brauner Zucker

3 EL edelsüßes Paprikapulver

1 EL rosenscharfes Paprikapulver

½ EL Meersalz

½ EL gemahlener schwarzer Pfeffer

1 TL Zwiebelgranulat

1 TL Knoblauchgranulat

Zubereitung

Alle Zutaten in einer Schüssel vermengen und nach Belieben verwenden.

Tipp

Aus diesem BBQ-Rub lassen sich mit Ergänzung einzelner Komponenten sehr einfach Varianten erzielen. Hierzu eignen sich z. B. getrocknete Kräuter wie Thymian, Rosmarin, Salbei oder Oregano.

In der Pfanne angeröstete und frisch gemörserte Piment- oder Senfkörner verleihen einen besonderen Pfiff.

KAFFEE-RUB

Zutaten

3 EL Kaffeebohnen

1 TL Koriandersamen

1 TL schwarze Pfefferkörner

1 TL Kreuzkümmelsamen

2 EL brauner Zucker

1 EL rosenscharfes Paprikapulver

2 TL grobes Meersalz

Zubereitung

Die Kaffeebohnen, Koriandersamen, Pfefferkörner und den Kreuzkümmel in einer Pfanne ohne Fett rösten. Abkühlen lassen und in einem Mörser fein mahlen.

Im Anschluss zusammen mit den anderen Zutaten in eine Schüssel geben und vermischen.

Tipp

1 TL Backkakao verleiht diesem Rub eine zusätzliche und interessante warme Note.

ASIATISCHER RUB

Zutaten

5-GEWÜRZE-PULVER

1 EL Sternanis

1 EL Szechuan-Pfefferkörner

1 EL Fenchelsamen

1 cm Zimtstange

½ EL Nelken

AUSSERDEM

4 EL brauner Zucker

2 EL edelsüßes Paprikapulver

1 TL gemahlener Koriander

1 TL gemahlener Ingwer

Zubereitung

Für die 5-Gewürze-Mischung Sternanis, Szechuan-Pfeffer, Fenchelsamen, Zimt und Nelken in einer Pfanne ohne Öl bei niedriger Temperatur anrösten, bis die Gewürze intensiv duften.

Alles abkühlen lassen und in einem Mörser zerstoßen. Etwa die Hälfte des Pulvers anderweitig verwenden.

Die andere Hälfte des Pulvers Schritt für Schritt mit Zucker, Paprikapulver, Koriander und Ingwer vermengen.

GERÄUCHERTES BACON-SALZ

Zutaten

200 g grobes Meersalz

3–4 Scheiben Bacon (Frühstücksspeck)

1 TL Cayennepfeffer

AUSSERDEM

1 flache Schale

1 elektrische Kaffeemühle

Zubereitung

Den Smoker auf 80 °C vorheizen.

Das Salz in eine flache Auflaufform geben und etwa 4 Stunden räuchern.

Die Feuerbox öffnen, den Grillrost einsetzen und den Bacon knusprig grillen. Im Anschluss den Bacon abkühlen und trocknen lassen. Den abgekühlten Bacon fein hacken oder in einer elektrischen Kaffeemühle zerkleinern.

Das Salz, Bacon und Cayennepfeffer in einer Schüssel miteinander vermengen.

Das Baconsalz verfeinert Eierspeisen und Salatdressings, passt aber auch hervorragend zu Steak und Hühnchen.

MAGIC DUST

Zutaten

6 EL brauner Zucker

4 EL Paprikapulver

3 EL grobes Meersalz

1 EL Knoblauchpulver

1 TL Zwiebelpulver

1 EL gemahlener Ingwer

1 EL Rosmarinpulver

Zubereitung

Alle Zutaten in eine Schüssel geben und miteinander vermengen.

Magic Dust ist wohl die bekannteste aller BBQ-Rubmischungen, weil es vielseitig einsetzbar ist und eine gute Grundlage für viele BBQ-Gerichte bietet.

SMOKY BBQ RUB

Zutaten

3 EL geräucherter Zucker

2 EL geräuchertes Paprikapulver

1 EL dänisches Rauchsalz

1 TL gemahlener Whiskypfeffer

½ TL Chipotlepulver

Zubereitung

Alle Zutaten in eine Schüssel geben und miteinander vermengen.

Der Geschmack eines BBQ-Rubs ändert sich drastisch, wenn alle Komponenten bereits ein Raucharoma besitzen.

TEXAS DALMATION RUB

Zutaten

6 EL grobes Meersalz

6 EL schwarzer Pfeffer

Zubereitung

Salz und Pfeffer in eine Schüssel geben und gut miteinander vermengen.

Dieser Rub besticht durch seine Einfachheit und eignet sich besonders für große Fleischstücke, die langsam gegart werden, wie z. B. Brisket.

CAJUN RUB

Zutaten

3 EL geräuchertes Paprikapulver
2 EL Knoblauchpulver
2 EL grobes Salz
1 EL Cayennepfeffer
1 EL Zwiebelpulver
1 TL getrockneter Basilikum
1 TL getrockneter Oregano
1 TL getrockneter Rosmarin
1 TL getrockneter Thymian

Zubereitung

Alle Zutaten in eine Schüssel geben und miteinander vermengen.

Dieser Rub ist perfekt für Südstaatengerichte geeignet.

Tipp

Dieser puristische Rub lässt sich mit wenig Zutaten geschickt variieren (einfach ein oder zwei der folgenden Zutaten hinzufügen):

2 EL Paprikapulver
3 EL Fenchelsamen
1 TL gemahlener Kreuzkümmel
1 TL Chilipulver

Atomic Buffalo Turds

MIT CHEDDAR

Zutaten

6–8 Jalapeños

150 g Frischkäse

80 g geriebener Käse, z. B. Cheddar

1 Schuss Zitronensaft

Salz, Pfeffer

edelsüßes Paprikapulver

16 Scheiben Bacon (Frühstücksspeck)

4–5 EL BBQ-Sauce

Zubereitung

Die Jalapeños der Länge nach halbieren, Kerne und Häute entfernen und waschen.

Frischkäse und geriebenen Käse mit Zitronensaft und je 1 Prise Salz, Pfeffer und Paprikapulver vermengen.

Mit einem Esslöffel die halbierten Jalapeños mit der Frischkäsemasse befüllen.

Die gefüllten Chilischoten mit Bacon umwickeln und bei indirekter Hitze ca. 30 Minuten bei 160 °C grillen. 5 Minuten vor dem Ende die Turds mit BBQ-Sauce bepinseln.

4 Personen | 160 °C | indirekt bei geschlossenem Deckel

BBQ Drumsticks

GLASIERT

Zutaten

8 Hähnchenunterkeulen

10 EL BBQ-Rub,
z. B. Magic Dust

10 EL BBQ-Sauce

4 EL Ahornsirup

Zubereitung

Den Smoker auf 140 °C einheizen.

Die Hähnchenunterkeulen putzen und das obere Gelenk freilegen. Darauf achten, dass die am Knochen entlanglaufende Sehne durchtrennt wird und alle Knorpel entfernt worden sind.

Die Hähnchenkeulen mit dem BBQ-Rub würzen. Die BBQ-Sauce mit dem Ahornsirup verrühren.

Die Keulen etwa 35 Minuten in ordentlich Holzrauch garen. Anschließend die Drumsticks mit der Ahornsirup-BBQ-Sauce bepinseln und für weitere 10 Minuten fertig garen.

2 Personen | 140 °C | indirekt bei geschlossenem Deckel

Mini-Meatballs

MIT BACON

Zutaten

500 g Rinderhackfleisch

3 EL BBQ-Rub

100 g Gouda am Stück

10 Scheiben Bacon (Frühstücksspeck)

6 EL BBQ-Sauce

Zubereitung

Den Smoker auf 160 °C vorheizen

Das Rinderhackfleisch in einer Schüssel mit dem BBQ-Rub würzen und gut durchkneten. Den Gouda in 10 kleine Würfel schneiden.

Etwas Hackfleisch (etwa 50 g pro Bällchen) auf der Handfläche flach drücken, den Käsewürfel mittig platzieren und zu einer Kugel formen. Anschließend das Hackbällchen mit einer Scheibe Speck umwickeln.

Die fertigen Meatballs rund 45 Minuten auf dem Smoker garen und gegen Ende mit der BBQ-Sauce glasieren.

4 Personen | 160 °C | indirekt bei geschlossenem Deckel

Pimientos

MIT FENCHELWURSTFÜLLUNG

Zutaten

1 Knoblauchzehe

1 Zwiebel

1 EL Olivenöl

8–10 Pimientos (Bratpaprika)

500 g Salsiccia (italienische Fenchelwurst)

100 g geriebener Pecorino

16 Scheiben Bacon (Frühstücksspeck)

BBQ-Sauce

Röstzwiebeln nach Belieben

Zubereitung

Den Smoker auf 160 °C vorheizen.

Die Knoblauchzehe und die Zwiebel schälen und in feine Würfel schneiden. Das Öl in einer Pfanne über der Feuerbox erhitzen und die Knoblauch- und Zwiebelwürfel darin glasig anbraten.

Die Pimientos waschen, halbieren und von Strunk und Kernen befreien. Die Salsiccia aus dem Wurstdarm befreien und das Wurstbrät in eine Schüssel geben. Knoblauch, Zwiebelwürfel und Pecorino hinzugeben und gut durchkneten. Das Wurstbrät in die Pimientos füllen und mit einer Scheibe Bacon umwickeln.

Die gefüllten Pimientos auf den Smoker legen und 20–25 Minuten smoken. Nach 15 Minuten mit BBQ-Sauce bepinseln und weitere 10 Minuten garen. Nach Belieben mit Röstzwiebeln bestreuen und servieren.

4 Personen | 160 °C | indirekt bei geschlossenem Deckel

Gegrillte Maiskolben

MIT WÜRZIG TOMATISIERTEM CHIPOTLE-TOPPING

Zutaten

6 Maiskolben

500 ml Lagerbier

1 Schuss Weißweinessig

2 Chilischoten

FÜR DAS TOPPING

½ Bund Schnittlauch

½ Bund Koriandergrün

250 g Sour Cream

100 g Mayonnaise

1 TL Tomatenmark

Saft von 1 Limette

Salz und Pfeffer

Chipotlepulver

Zubereitung

Die Maiskolben gegebenenfalls von Strunk und Blättern befreien und waschen. Die Kräuter waschen, trocken schütteln, den Schnittlauch in feine Röllchen schneiden und den Koriander grob hacken.

In einer Schüssel die Kräuter mit Sour Cream, Mayonnaise, Tomatenmark und Limettensaft vermischen und mit Salz, Pfeffer und Chipotlepulver abschmecken.

Die Kolben in einer Pfanne mit Bier, Essig und Chilischoten langsam erhitzen und 15 Minuten bei geringer Hitze köcheln lassen.

Einen Grill auf mittlere direkte Hitze vorbereiten.

Die Maiskolben rundherum – etwa 3–4 Minuten von jeder Seite – auf direkter Hitze grillen, bis sie goldbraun sind.

Die Maiskolben vom Grill nehmen und mithilfe eines Pinsels mit dem tomatisierten Chipotle-Topping bestreichen.

6 Personen | 150–170 °C | direkt bei offenem Deckel

Pulled Pork

FÜR GENIESSER

Zutaten

3 kg Schweinenacken oder Schweineschulter am Stück (ohne Knochen)

6 EL mittelscharfer Senf

10 EL BBQ-Rub, z. B. Magic Dust

200 ml Lagerbier

100 ml BBQ-Sauce

AUSSERDEM

1 Bogen Butcher Paper

Zubereitung

Den Schweinenacken oder die Schweineschulter rundherum mit dem Senf einreiben und anschließend mit dem BBQ-Rub würzen. Das Fleisch in Frischhaltefolie etwa 3 Stunden im Kühlschrank ruhen lassen.

Einen Smoker vorheizen und auf 120 °C einregulieren.

Das Lagerbier und die BBQ-Sauce in eine Schüssel geben und miteinander vermischen. Das Fleisch auf den Smoker legen und etwa 4 Stunden im Holzrauch garen.

Das Fleisch alle 60 Minuten mit der Biermischung bepinseln. Sobald eine Kerntemperatur von 75 °C erreicht ist, das Schweinefleisch fest in Butcher Paper wickeln und die restliche Biermischung hinzufügen. Das Paket zurück auf den Smoker legen und garen, bis eine Kerntemperatur von 92–95 °C erreicht ist.

Die Gardauer hängt stark von der Größe, Qualität und dem Fettanteil des Fleisches ab und kann 8–12 Stunden, in Ausnahmefällen aber auch bis zu 16 Stunden dauern.

Das Paket vom Smoker nehmen und noch gut 1 Stunde ruhen lassen. Dann das Schweinefleisch aus dem Paket nehmen und die Sauce auffangen. Das Fleisch mit zwei Gabeln auseinanderrupfen (pullen), mit der aufgefangenen Sauce vermischen und servieren.

Klassischerweise wird Pulled Pork in einem Brötchen mit Coleslaw und BBQ-Sauce serviert.

10 Personen | 120 °C | indirekt bei geschlossenem Deckel

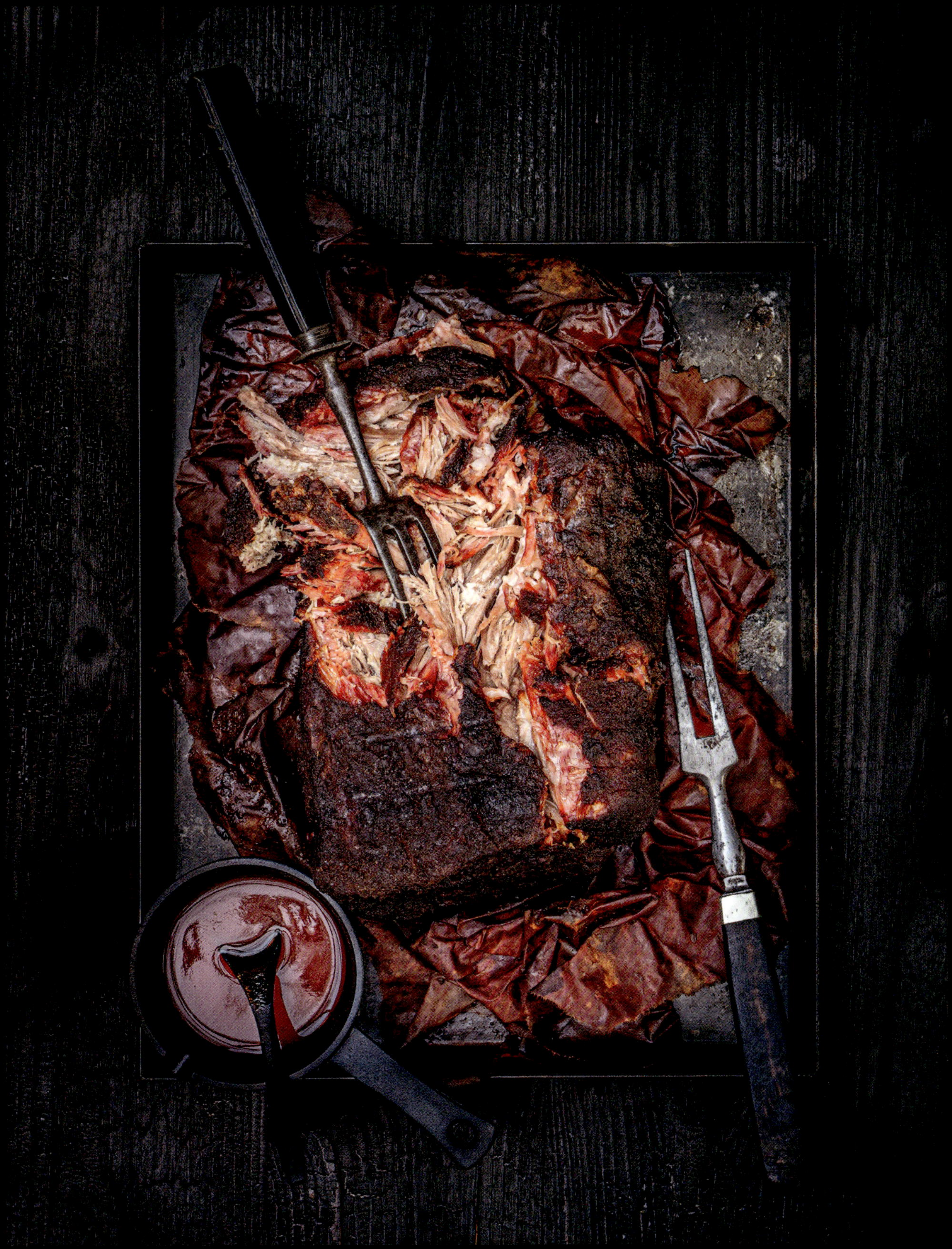

Beef Brisket

GANZ AUTHENTISCH

Zutaten

3 kg Brisket (Rinderbrust)
grobes Meersalz

grober Pfeffer

180 ml Apfelsaft

180 ml Rinderfond

2 EL Apfel-Balsamico-Essig

2 EL Olivenöl

AUSSERDEM

1 Marinadenspritze

Butcher Paper

1 Fleischthermometer

Alufolie

Zubereitung

Das Brisket von Sehnen und von überschüssigem Fett befreien. Das Ziel dabei ist, dass der Fettdeckel der Rinderbrust gleichmäßig über das Fleisch verteilt ist. Je 2 EL Salz und Pfeffer in einer Schüssel vermengen.

Apfelsaft, Rinderfond und den Apfelessig vermischen und mithilfe einer Marinadenspritze in das Fleisch injizieren. Das Brisket mit dem Olivenöl einreiben und mit Salz und Pfeffer bestreuen. In Butcher Paper einwickeln und für 4 Stunden im Kühlschrank ruhen lassen.

Den Smoker auf 110 °C einregulieren. Nun das Brisket im Papier auf den Smoker legen und garen lassen. Das Brisket ist fertig, wenn die Kerntemperatur zwischen 93 ° und 95 °C liegt.

Wenn die Zielkerntemperatur erreicht ist, das Brisket in Alufolie wickeln und mindestens für 1 Stunde ruhen lassen. Wer das Brisket länger warmhalten möchte, kann es in einer Isolierbox mit 2 Flaschen mit warmem Wasser über mehrere Stunden lagern.

Beim Aufschneiden des Briskets unbedingt darauf achten, dass die Scheiben gegen die Fleischfasern geschnitten werden.

8 Personen | 110 °C | indirekt bei geschlossenem Deckel

St. Louis Style

BBQ RIBS

Zutaten

1 Strang St. Louis Cut Ribs (1,8 kg)

2 EL Dijon-Senf

6 EL BBQ-Rub

100 ml Weißweinessig

200 ml Ananassaft

200 ml BBQ-Sauce

50 g Butter

AUSSERDEM

Butcher Paper oder Alufolie

Zubereitung

Die Rippchen mit der Fleischseite nach unten auf ein Küchenbrett legen. Mithilfe eines Löffelstils die Silberhaut zwischen den Knochen anheben und hochziehen. Mit einem Küchentuch die Silberhaut abziehen und komplett von den Rippchen entfernen.

Die Ribs rundherum dünn mit Dijon-Senf bestreichen und mit BBQ-Rub bestreuen. Die Rippchen etwa 4 Stunden ruhen lassen.

Einen Smoker auf 130 °C einregulieren. Weißweinessig und Ananassaft vermischen. Zwei Drittel davon in eine Sprühflasche füllen, das andere Drittel in eine Schüssel geben.

Die Ribs auf den Smoker legen und etwa 1 Stunde im Holzrauch garen. Dabei mit der Ananassaftmischung besprühen. Diesen Schritt alle 30 Minuten wiederholen.

Die Butter in eine ofenfesten Form geben und zum Schmelzen bringen. Diese in die Schüssel mit der Saftmischung geben, BBQ-Sauce dazugeben und alles verrühren. Diese Mischung warmhalten.

Nach weiteren 2 Stunden Garzeit die Ribs vom Smoker nehmen und auf einem Bogen Alufolie oder Butcher Paper platzieren. Etwa ein Drittel der warmgehaltenen BBQ-Sauce unter die Ribs, ein weiteres Drittel auf die Rippchen geben, leicht einmassieren und in der Folie fest verschließen. Das Paket mit den Rippchen zurück auf den Smoker legen und etwa 90 Minuten garen.

Die Ribs aus der Folie nehmen und mit dem letzten Drittel der BBQ-Sauce bestreichen. Noch etwa 20 Minuten auf dem Grill garen lassen und dann servieren.

4 Personen | 130 °C | indirekt bei geschlossenem Deckel

★ Flanksteak ★

MIT ZWEIERLEI PFEFFER

Zutaten

1 großes Flanksteak (800–1000 g)

Fleur de Sel

grob zerstoßener Pfeffer

1 TL zerbröselte rosa Pfefferbeeren

Zubereitung

Den Grill auf 250–300 °C direkte Hitze vorbereiten.

Flanksteak (Zimmertemperatur!) waschen, trocken tupfen und ggf. von Sehnen befreien. Anschließend von beiden Seiten je 2–3 Minuten grillen, dann noch einmal wenden und für ein schönes Cross-Branding um 45 Grad versetzt jeweils 1 weitere Minute fertiggrillen.

Fleisch vom Rost nehmen und in Alufolie 5 Minuten ruhen lassen. Anschließend in Tranchen schneiden, mit Fleur de Sel, grob zerstoßenem Pfeffer und rosa Pfefferbeeren bestreuen.

Tipp

Vor dem Servieren das Steak mit zerlassener brauner Butter bestreichen – extra saftig!

4 Personen | 250–300 °C | direkt bei offenem Deckel

Flaches Kräuterhuhn

MIT BUTTERMARINADE

Zutaten

1 kleines Bund Thymian

1 kleines Bund Salbei

3 Stängel Rosmarin

2 Lorbeerblätter

1 Bio-Zitrone

1 Maishähnchen
(etwa 1,2 kg)

100 g Butter

etwas Rapsöl

Pfeffer

2 EL Weißweinessig

Salz

AUSSERDEM

1 Grillschale

Zubereitung

Kräuter gründlich waschen, trocken schütteln bzw. trocken tupfen.

Mit Küchengarn daraus 6 kleine Sträußchen binden. Zitrone gründlich waschen und in Scheiben schneiden.

Das Hähnchen gut waschen und trocken tupfen. Mit einer Geflügelschere entlang des Rückgrats aufschneiden, das Hähnchen auseinanderklappen und flach drücken. 4 Kräutersträußchen und Zitronenscheiben mit Küchengarn unter den Flügeln und an den Schenkeln befestigen.

Butter mit etwas Rapsöl, Pfeffer und Essig zum Schmelzen bringen, die zwei übrigen Kräutersträußchen zufügen und bis kurz vor dem Siedepunkt erhitzen. Den Grill auf 180 °C indirekte Hitze vorbereiten.

Huhn mit etwas Buttermarinade bestreichen und leicht salzen, mit der Hautseite nach oben in eine Grillschale legen. Bei geschlossenem Deckel etwa 45 Minuten grillen, dabei immer wieder mit der Buttermarinade bestreichen.

Tipp

Dazu schmeckt am besten Grillgemüse, das Sie zeitgleich zubereiten können.

4 Personen | 180 °C | indirekt bei geschlossenem Deckel

Chicken Wings

MIT SESAM

Zutaten

GLASUR

6 EL Ketchup

1 TL Knoblauchgranulat

1 TL Salz

1 TL Ingwer, frisch gerieben

1 EL Reisessig

2 EL Honig

1 EL Worcestersauce

1–2 EL Sesamsamen

HÄHNCHENFLÜGEL

60 g Butter

1 EL Rapsöl

1,2 kg Hähnchenflügel

Salz

1 Frühlingszwiebel

Saft von 1 Limette

AUSSERDEM

1 Grillschale

Zubereitung

Den Grill für 180 °C indirekte Hitze vorbereiten.

Ketchup, Knoblauchgranulat, Salz, Ingwer, Essig, Honig und Worcestersauce verrühren und beiseitestellen.

Sesamsamen in einer Pfanne anrösten, bis sie leicht duften.

Für die Hähnchenflügel Butter in einem Topf zerlassen, Rapsöl zufügen. Hähnchenflügel leicht salzen, auf den Grill legen und mit der flüssigen Butter bestreichen. Unter mehrfachem Wenden und Einpinseln insgesamt etwa 35 Minuten bei geschlossenem Deckel grillen. Anschließend in eine Grillschale legen, mit der Glasur mischen und nochmals etwa 5 Minuten auf den offenen Grill geben.

Zum Servieren die Frühlingszwiebel waschen, schneiden und die Hähnchenflügel damit und mit dem gerösteten Sesam bestreuen und mit etwas Limettensaft beträufeln.

4 Personen | 180 °C | indirekt bei geschlossenem/offenem Deckel

Beerbrats

MIT ZWIEBELN

Zutaten

1 kleines Bund Thymian

2 l Bier (helles Lager)

60 g Butter

1 EL gekörnte Brühe

4 große Gemüsezwiebeln

1,2 kg gemischte Grillwürste

Salz und Pfeffer

AUSSERDEM

1 große Grillpfanne

Zubereitung

Den Grill für 220 °C direkte Hitze vorbereiten. Thymian gründlich waschen und trocken schütteln.

Bier, Butter und Thymian in eine große Grillpfanne geben und auf dem Grill zum Kochen bringen, gekörnte Brühe zufügen.

Zwiebeln schälen, in Ringe schneiden und mit in die Grillpfanne geben. Das Ganze in etwa 20 Minuten einkochen lassen. Grillpfanne vom Rost nehmen und beiseitestellen.

Jetzt die Grillwürste auflegen und grillen. Die fertig gegrillten Würste zum Bier-Zwiebel-Sud in die Pfanne geben und diese nochmals 10 Minuten auf den Grill stellen, um alles erneut aufzukochen. Mit Salz und Pfeffer würzen.

Tipp

Die Grillwürste kann man auch prima mit Zwiebeln und Senf als Hotdog servieren.

4 Personen | 220 °C | direkt bei geschlossenem/offenem Deckel

T-Bone Steak

MIT TOMATEN-RELISH

Zutaten

RELISH

10 eingelegte getrocknete Tomaten

1 kleines Bund Minze

1 kleine Chilischote

Saft von 1 Zitrone

½ TL Knoblauchgranulat

100 ml Rapsöl

Salz

STEAKS

50 g Butter

2 EL Rapsöl

2 große T-Bone-Steaks (je 700 g)

Zubereitung

Für das Relish die eingelegten Tomaten fein hacken. Minze abspülen, trocken schütteln, Blätter abzupfen und fein hacken. Chili fein würfeln. Tomaten, Minze und Chilischote mit Zitronensaft, Knoblauchgranulat und Rapsöl mischen, mit Salz abschmecken.

Den Grill für 250 °C direkte und indirekte Hitze vorbereiten. Butter gemeinsam mit dem Rapsöl erhitzen.

Die Steaks entlang des Knochens etwas einschneiden, mit der flüssigen Butter-Rapsöl-Mischung bestreichen und von jeder Seite 4 Minuten grillen. Anschließend weitere 4 Minuten mit geschlossenem Deckel in der indirekten Zone garen. Das Fleisch entlang des Knochens auslösen und mit dem Tomaten-Relish überziehen.

4 Personen | 250 °C | direkt/indirekt bei geschlossenem/offenem Deckel

CAMBA
BLACK SHARK

New York Style

PASTRAMI

Zutaten

2 kg Tafelspitz (alternativ Rinderbrust)

PÖKELMISCHUNG

2 EL schwarze Pfefferkörner

1 EL Koriandersamen

100 g Nitritpökelsalz

60 g brauner Zucker

1 EL Knoblauchpulver

RUB

3 EL schwarze Pfefferkörner

1 EL rosa Pfefferbeeren

1 EL Paprikapulver

2 EL Koriandersamen

1 EL Thymian

1 EL Rosmarin

1 ½ TL Knoblauchpulver

Zubereitung

Das Fleisch von größeren Fettstücken befreien. Pfeffer- und Korianderkörner in einem Mörser zerstoßen und mit den restlichen Zutaten der Pökelmischung mischen. Die Rinderbrust mit der Pökelsalzmischung einreiben, in einen Vakuumbeutel geben und luftdicht verschließen.

Nun muss die Rinderbrust über mehrere Tage im Kühlschrank pökeln. In der Regel ist die Pökelzeit von der Dicke des Fleisches abhängig. Für eine Rinderbrust von etwa 4 cm Dicke wird eine Pökelzeit von rund 6–7 Tagen empfohlen. Der Beutel sollte einmal am Tag gewendet werden.

Nach der Pökelzeit das Rindfleisch gut abwaschen und etwa 2 Stunden wässern, wobei nach etwa 1 Stunde das Wasser gewechselt werden sollte. Nach dem Wässern die Rinderbrust gut abtrocknen.

Die Zutaten für den Rub in einem Mörser zerstoßen, aber nicht zu fein mahlen. Die typische Optik eines New York Style Pastramis besticht durch einen grobkörnigen Pfefferrand.

Den Smoker auf 110 °C vorheizen und parallel den Rub auf die Rinderbrust auftragen. Die Rinderbrust bis zu einer Kerntemperatur von 68 °C räuchern.

Nach Abschluss der Garphase Fleisch abkühlen und erneut vakuumieren. Nach einer Reifephase von weiteren 3–4 Tagen kann das Fleisch hauchdünn aufgeschnitten und serviert werden.

8 Personen | 110 °C | indirekt bei geschlossenem Deckel

Knuspriger Schweinebauch

VOM SMOKER

Zutaten

1 Schweinebauch (ca. 2,5 kg)

150 ml Apfelessig

200 g grobes Meersalz

Zubereitung

Den Schweinebauch trocken tupfen. Die Haut mit einem spitzen Messer im Abstand von 0,5 cm über die gesamte Oberfläche einpiksen. Die Haut mit dem Apfelessig einpinseln und 2 Stunden einwirken lassen.

Einen Smoker auf 120 °C einregeln.

Den Schweinebauch trocken tupfen. Die Hautseite vollständig mit dem Salz bedecken und auf dem Smoker etwa 1 ½ Stunden garen.

Den Schweinebauch vom Smoker nehmen, die Salzkruste entfernen und die Temperatur auf 200–220 °C erhöhen. Den Schweinebauch bei hoher Temperatur garen, bis eine Kerntemperatur von 68 °C erreicht und die Haut richtig schön knusprig geworden ist.

8 Personen | 120–220 °C | indirekt bei geschlossenem Deckel

Gegrillter Hummer

MIT ZITRONE UND KORIANDER

Zutaten

½ Bund Koriandergrün

1 Schalotte

1 Knoblauchzehe

80 g Butter

Saft und Abrieb von 1 Bio-Zitrone

Salz und Pfeffer

4 Hummer (je 500 g)

2 EL Olivenöl

2 EL Sherry

Bei Hummer vom Grill ist weniger oft mehr!

Zubereitung

Einen Grill auf direkte und indirekte Hitze vorbereiten.

Den Koriander waschen, trocken schütteln und fein hacken. Schalotte und Knoblauch schälen und in feine Würfel schneiden. Die Butter zum Schmelzen bringen.

Koriander, Schalotte, Knoblauch, Abrieb und Saft der Zitrone mit der Butter vermischen und mit Salz und Pfeffer würzen.

Die Hummer der Länge nach halbieren, dabei die Scheren ganz lassen und die Fleischseite mit Olivenöl bepinseln.

Die Hummerhälften auf direkter Hitze 4 Minuten mit der Fleischseite nach unten grillen. Dann drehen und mit der Zitronen-Koriander-Butter bepinseln. Nach weiteren 4 Minuten die Hummer auf den indirekten Teil des Grills legen, mit dem Sherry beträufeln und weitere 5 Minuten bei geschlossenem Deckel ziehen lassen.

Vor dem Servieren mit der restlichen flüssigen Butter übergießen.

2 Personen | 160–180 °C | direkt/indirekt bei offenem/geschlossenem Deckel

Juicy Lucy Burger

MIT ZWIEBELN UND CHEDDAR

Zutaten

800 g Rinderhackfleisch

Salz und Pfeffer

4 Scheiben Cheddar

2 mittelgroße Zwiebeln

1–2 Tomaten

4 Salatblätter
(z. B. Lollo bionda)

3 EL Butter

4 Brioche-Burger-Brötchen

5–6 EL BBQ-Sauce

Zubereitung

Das Rinderhack mit Salz und Pfeffer würzen, in 8 Portionen aufteilen und zu handflächengroßen Pattys formen. Den Cheddar in kleinere Stücke rupfen und zwischen jeweils 2 Pattys einschließen. Die Pattys sollten so geformt werden, dass der Käse in der Mitte vollständig eingeschlossen ist. Die Zwiebeln schälen und in Ringe schneiden. Die Tomaten waschen und in Scheiben schneiden, die Salatblätter waschen und trocken tupfen.

Einen Grill so vorbereiten, dass jeweils eine Zone mit hoher direkter und indirekter Hitze entsteht.

Die Zwiebeln mit der Butter in eine kalte gusseiserne Pfanne geben und auf den Rost über der direkten Hitze stellen. Die Zwiebeln erhitzen und so lange rühren, bis die Zwiebeln eine goldgelbe Farbe haben. Die Pfanne auf indirekte Hitze ziehen und die Burger-Pattys etwa 5 Minuten bei direkter Hitze von jeder Seite scharf angrillen. Nach dem Wenden in den indirekten Teil des Grills legen, den Deckel schließen und 8–10 Minuten gar ziehen lassen.

Die Brioche-Brötchen aufschneiden und die Schnittflächen kurz bei direkter Hitze anrösten.

Den unteren Teil des Brötchens mit BBQ-Sauce bestreichen und mit Salat und Tomatenscheiben belegen. Mit dem mit Käse gefüllten Patty und den Zwiebeln toppen. Noch 1 EL BBQ-Sauce darübergeben und das obere Teil des Burötchens auflegen.

4 Personen | 220–250 °C | direkt/indirekt bei offenem/geschlossenem Deckel

Coney Island

CHILI DOGS

Zutaten

8 große Wiener Würstchen

BRÖTCHEN

4 EL Milch

1 EL Zucker

1 Würfel Hefe (42 g)

500 g Weizenmehl

1 TL Salz

2 Eier (Größe M)

80 g Butter

CHILI

500 g Hackfleisch

3 EL BBQ-Rub

1 Zwiebel

2 Knoblauchzehen

1 Chilischote

3 EL Olivenöl

2 EL Tomatenmark

40 ml Weißweinessig

40 ml Rotwein

300 g gestückelte Tomaten

1 Schuss Worcestersauce

Salz, Pfeffer und Chilipulver

TOPPING

1 rote Zwiebel

4–5 EL mittelscharfer Senf

100 g geriebener Cheddar

Zubereitung

200 ml lauwarmes Wasser, Milch und Zucker in einer großen Schüssel mischen und die Hefe hineinbröseln. Nach 5 Minuten Ruhezeit Mehl, Salz, 1 Ei und Butter hinzufügen und zu einem glatten Teig kneten. An einem warmen Ort 1 Stunde gehen lassen.

Den Teig zu länglichen Buns formen und auf ein mit Backpapier ausgelegtes Backblech legen. Zugedeckt 1 weitere Stunde gehen lassen. Das restliche Ei verquirlen und mit 1 Schuss Wasser vermengen. Die Buns mit der Mischung bestreichen und im heißen Backofen 16–20 Minuten bei 200 °C (Ober-/Unterhitze) backen.

Einen Grill mit mittlerer direkter und indirekter Hitze vorbereiten.

Das Hackfleisch mit dem BBQ-Rub würzen und gut durchkneten. Zwiebel und Knoblauch schälen und in feine Würfel schneiden. Die Chilischote putzen, waschen und in feine Streifen schneiden. Die rote Zwiebel für das Topping ebenfalls schälen und in feine Würfel schneiden.

Eine gusseiserne Pfanne auf dem Grill auf direkter Hitze vorheizen und Zwiebeln mit Knoblauch im Olivenöl darin anrösten. Das Tomatenmark und die Chilistreifen hinzufügen und ebenfalls kurz mit anrösten. Mit dem Weißweinessig ablöschen und das Hackfleisch dazugeben. Wenn das Hackfleisch mit angebraten ist, mit Rotwein und Tomaten auffüllen und etwa 10 Minuten köcheln lassen, bis die gewünschte Konsistenz erreicht ist (auf Coney Island ist das Chili eher etwas dünnflüssiger). Anschließend mit Salz, Pfeffer und Chilipulver abschmecken.

Die Pfanne auf indirekte Hitze ziehen und die Würstchen rundherum bei mittlerer direkter Hitze grillen.

Die Buns längs aufschneiden und auf der Innenseite mit Senf bestreichen. Die Wurst auflegen und mit einem großzügigen Löffel Chili überziehen. Den Hotdog mit den roten Zwiebeln und geriebenem Käse bestreuen. Für 5 Minuten bei indirekter Hitze und geschlossenem Deckel wärmen, sodass der Käse leicht schmilzt.

8 Personen | 150–170 °C | indirekt/direkt bei offenem/geschlossenem Deckel

Pulled Lachs

VON DER PLANKE IN DIE SCHNITTE

Zutaten

MARINADE

1 kleines Bund Estragon

1 kleines Bund Petersilie

1 kleine Chilischote

1 kleine Frühlingszwiebel

100 ml Olivenöl

1 EL Dijonsenf

1 EL helle Sojasauce

1 EL Pernod (Anisschnaps)

Salz und Pfeffer

GEMÜSE & LACHS

1 Fenchelknolle

1 Lachsseite mit Haut (600–800 g)

4 Brotscheiben oder Burger-Brötchen

100 g würzige Pflücksalatmischung (küchenfertig)

AUSSERDEM

1 Holzplanke, z. B. von der Zeder

Zubereitung

Die Kräuter für die Marinade waschen, trocken schütteln, Blätter abzupfen und fein schneiden. Chilischote und Frühlingszwiebel ebenfalls klein schneiden. Mit den restlichen Marinade-Zutaten vermischen, vorsichtig abschmecken und ziehen lassen.

Fenchel putzen, den Strunk entfernen, waschen und in feine Scheiben schneiden, mit etwas Marinade bestreichen und ziehen lassen.

Den Grill auf 150 °C direkte und indirekte Hitze vorbereiten, die Holzplanke kurz in die direkte Zone legen, bis sie raucht, dann in der indirekten Zone platzieren. Lachs mit der Hautseite nach unten auf die Planke legen und mit etwas Marinade bestreichen. Bei geschlossenem Deckel etwa 25 Minuten grillen.

Während des Grillvorganges die marinierten Fenchelscheiben und ggf. Brotscheiben oder Burger-Brötchen in der direkten Zone des Grills leicht knusprig bräunen.

Den fertig gegarten Lachs von der Haut befreien, in eine Reine oder ein tiefes Backblech legen und mit zwei Gabeln in Stücke zupfen. Den Pflücksalat mit der restlichen Marinade vermischen und unter die Lachsstücke mischen.

Brotscheiben mit dem gegrillten Fenchel und der Lachs-Salat-Mischung belegen. Noch leicht warm servieren.

Tipp

Natürlich eignen sich auch andere Fische für die Zubereitung, z. B. Seelachs, Lachsforelle oder Kabeljau.

4 Personen | 150 °C | direkt/indirekt bei geschlossenem Deckel

Wildschweingulasch

MIT PILZEN

Zutaten

1,2 kg Wildschweingulasch (aus der Oberschale)

Salz

2 Zwiebeln

1 Knoblauchzehe

1 Möhre

¼ Knollensellerie

400 g Pilze nach Saison (z. B. Champignons, Steinpilze, Pfifferlinge)

Pflanzenöl

1 EL Tomatenmark

500 ml Rotwein

500 ml Wildfond (wahlweise Wasser)

2 Nelken

4 Wacholderbeeren

4 Pimentkörner

8 schwarze Pfefferkörner

2 Lorbeerblätter

200 g Sahne

2 EL Preiselbeeren

Speisestärke (nach Belieben)

Zubereitung

Das Wildschweingulasch kräftig salzen. Zwiebeln, Knoblauchzehe, Möhre und Knollensellerie schälen und in grobe Würfel schneiden. Die Pilze in etwa 2 cm große Stücke schneiden. Den Dutch Oven in die Glut stellen, etwas Öl hineingeben und das Fleisch mit dem Gemüse und den Pilzen kräftig anbraten. Das Tomatenmark hinzugeben, ebenfalls kurz mit anbraten und alles mit dem Rotwein und dem Wildfond ablöschen.

Nelken, Wacholderbeeren, Piment- und Pfefferkörner in einem Mörser grob zerkleinern. Die Gewürze zusammen mit den Lorbeerblättern in den Topf geben und den Dutch Oven mit seinem Deckel verschließen. Die Hälfte der heißen Briketts oder Kohlen auf dem Deckel und die andere Hälfte unter dem Topf verteilen. Das Gulasch etwa 1 ½–2 Stunden weich köcheln lassen.

Den Deckel entfernen und das Gulasch mit der Sahne und den Preiselbeeren verfeinern, gegebenenfalls mit Stärke abbinden. Nach Belieben mit Salz und Pfeffer nachwürzen.

Tipp

Das Gulasch mit Kartoffel- oder Kürbisstampf servieren.

4 Personen   Dutch Oven (Fassungsvermögen ca. 3–4 Liter)

Lammhaxen

MIT SALZZITRONE, TOMATEN UND KAROTFFELN

Zutaten

800 g festkochende Kartoffeln

400 g Strauchtomaten

1 Salzzitrone

1 große Zwiebel

2 Knoblauchzehen

4 kleine Lammhaxen (ca. 1,2 kg)

1 TL Salz

3 EL Olivenöl

250 ml Weißwein

½ TL Paprikapulver

½ TL Currypulver

½ TL Kreuzkümmel

¼ TL schwarzer Pfeffer

1 TL Zucker

2 Stängel frischer Rosmarin

4 Stängel frischer Thymian

Zimt

Zubereitung

Die Kartoffeln schälen und in grobe Stücke schneiden. Die Tomaten waschen, vom Strunk befreien und vierteln. Die Salzzitrone vierteln, das Fruchtfleisch heraustrennen und die Zitronenschale in feine Streifen schneiden. Die Zwiebel schälen, halbieren und in Streifen schneiden. Die Knoblauchzehen schälen und fein hacken. Die Lammhaxen mit dem Salz würzen.

Den Dutch Oven in die heißen Kohlen stellen und das Olivenöl hineingeben. Die Lammhaxen von beiden Seiten kurz anbraten. Die Zwiebeln, den Knoblauch und die Tomaten dazugeben, ebenfalls kurz anbraten und mit dem Weißwein ablöschen.

Die Kartoffeln, die Bestandteile der Salzzitrone, das Paprikapulver, das Currypulver, den Kreuzkümmel, den Pfeffer, den Zucker, den Rosmarin, den Thymian und eine Prise Zimt in den Topf geben. Anschließend alle Zutaten mit Wasser bedecken.

Den Dutch Oven mit seinem Deckel verschließen. Die Hälfte der heißen Kohlen oder Briketts auf dem Deckel verteilen und die andere Hälfte darunter. Die Lammhaxen etwa 40 Minuten weich kochen und gegebenenfalls nachwürzen.

Tipp

Die Lammhaxen in der Brühe mit dem Gemüse servieren und frischen Joghurt dazu reichen.

4 Personen | Dutch Oven (Fassungsvermögen ca. 3 Liter)

Gefüllte Zwiebeln

MIT RINDERHACKFLEISCH IN ROTWEIN

Zutaten

8 große Zwiebeln
2 Scheiben Toastbrot
500 g Rinderhackfleisch
1 Ei (Größe M)
1 EL Senf
1 EL gehackte Petersilie
Salz
schwarzer Pfeffer
500 ml Rotwein
100 ml Portwein
2 TL Zucker
5 Pfefferkörner
3 Pimentkörner
2 Stängel Thymian
1 Stängel Rosmarin
1 Nelke

Zubereitung

Die Zwiebeln schälen und aushöhlen. Dabei darauf achten, dass die Zwiebel nicht ganz bis zum Boden ausgehöhlt wird, da sie sonst beim Kochen auseinanderfällt. Das Toastbrot in Würfel schneiden, kurz in Wasser legen, auspressen und zu dem Rinderhackfleisch geben. Das Ei, den Senf, die Petersilie, etwas Salz und Pfeffer zu dem Rinderhackfleisch hinzufügen und alles miteinander vermengen. Anschließend die ausgehöhlten Zwiebeln mit dem Hackfleisch füllen.

Den Dutch Oven in die heiße Glut stellen und Rotwein, Portwein, Zucker, 1 TL Salz, Pfefferkörner, Piment, Thymian, Rosmarin und die Nelke hineingeben. Anschließend die Zwiebeln in den Rotweinsud setzen.

Den Dutch Oven mit seinem Deckel verschließen, die Hälfte der Briketts oder Kohlen auf dem Deckel und die andere Hälfte unter dem Topf verteilen. Die Zwiebeln etwa 40 Minuten garen

Tipp

Den Rotweinsud mit etwas Stärke binden und als Sauce servieren. Die perfekte Beilage zu den Zwiebeln ist ein feines Kartoffelpüree.

4 Personen · Dutch Oven (Fassungsvermögen ca. 3 Liter)

Rehkeule

MIT KÜRBIS-MARONEN-GEMÜSE

Zutaten

½ TL Salz

schwarzer Pfeffer

¼ TL gemahlener Wacholder

¼ TL Zucker

1,2 kg Rehkeule (ohne Knochen)

Pflanzenöl

1 kg Hokkaido-Kürbis

1 Zwiebel

1 TL frischer Thymian

300 g Maronen (gekocht)

300 ml Weißwein

300 ml Gemüse- oder Fleischbrühe

Zubereitung

Das Salz mit einer Prise Pfeffer, dem Wacholder und dem Zucker mischen. Anschließend die Rehkeule mit der Gewürzmischung von allen Seiten würzen. Den Dutch Oven in die heiße Glut stellen, etwas Öl hineingeben und die Rehkeule von allen Seiten kräftig anbraten.

Zwischenzeitlich den Kürbis entkernen und in grobe Würfel schneiden. Die Zwiebel schälen und würfeln und den Thymian hacken. Den Kürbis, die Maronen, den Thymian und die Zwiebelwürfel unter die Rehkeule in den Dutch Oven schichten und mit dem Weißwein und der Brühe ablöschen.

Den Dutch Oven mit seinem Deckel verschließen. Die Hälfte der heißen Briketts oder Kohlen auf dem Deckel und die andere Hälfte unter dem Topf verteilen. Die Rehkeule 1 Stunde und 30 Minuten weich schmoren.

Tipp

Hokkaido-Kürbis muss man nicht schälen. Die Schale wird so weich, dass man sie problemlos verzehren kann.

4 Personen | Dutch Oven (Fassungsvermögen ca. 4 Liter)

Brisket Burnt Ends

CHILI

Zutaten

500 g fertig gegartes Brisket

150 g Bacon

1 Zwiebel

3 Knoblauchzehen

1 rote Paprika

1 EL Chipotle in Adobo

300 ml Kellerbier (alternativ Malzbier)

100 ml Espresso

½ TL Chilipulver

1 TL gemahlener Kreuzkümmel

300 g passierte Tomaten

200 g Mais

200 g schwarze Bohnen

50 g Zartbitterschokolade

Salz und Pfeffer

AUSSERDEM

1 Dutch Oven

oder eine gusseiserne Pfanne mit hohem Rand

Zubereitung

Die Brisketreste in grobe Würfel schneiden. Den Bacon würfeln. Zwiebel und Knoblauch schälen und in feine Würfel hacken. Die Paprika putzen, waschen und ebenfalls würfeln.

Einen Grill für direkte und indirekte Hitze vorbereiten. Den Dutch Oven oder eine Pfanne auf direkter Hitze aufheizen lassen und den Bacon in die Pfanne geben.

Wenn der Bacon kross ist, den Bacon herausnehmen. Zwiebeln und Knoblauch für 2–3 Minuten im Baconfett anbraten. Die Paprika und Chipotle in Adobo hinzugeben. Nach weiteren 2 Minuten mit dem Kellerbier ablöschen und den Espresso hinzugeben. Die Brisketwürfel hinzugeben und mit Chilipulver und Kreuzkümmel würzen. Mit den passierten Tomaten, Mais und Bohnen auffüllen.

Den Dutch Oven oder die Pfanne von der direkten Hitze nehmen und 30 Minuten bei indirekter Hitze leicht köcheln lassen. Die Zartbitterschokolade grob hacken, zum Schluss zum Chili geben und bei Bedarf zusätzlich mit Salz und Pfeffer würzen.

Dazu passt frisch aufgebackenes Baguette.

4 Personen | Grill und Dutch Oven (Fassungsvermögen ca. 3 Liter)

Jambalaya

MIT TIGER PRAWNS UND CHORIZO

Zutaten

400 g Chorizo

400 g Tiger Prawns

1 Zwiebel

2 Knoblauchzehen

1 Paprika

1 Stange Staudensellerie

3 Zweige Thymian

3 EL Olivenöl

50 ml Rotweinessig

400 g stückige Tomaten (Dose)

800 ml Gemüsebrühe

3 Lorbeerblätter

300 g Reis

Salz und Pfeffer

½ TL rosenscharfes Paprikapulver

½ TL gemahlener Kreuzkümmel

½ TL Cayennepfeffer

AUSSERDEM

1 Dutch Oven

Zubereitung

Chorizo würfeln und Garnelen schälen, vom Darm befreien, waschen und abtrocknen. Zwiebel und Knoblauch schälen und in feine Würfel schneiden. Paprika putzen, waschen und ebenfalls in Würfel, den Staudensellerie in Scheiben schneiden. Den Thymian waschen, trocken schütteln, die Blättchen abzupfen und fein hacken.

Einen Grill oder eine Feuerstelle für direkte Hitze vorbereiten und den Dutch Oven erhitzen.

Chorizo und Garnelen in Öl darin 3–4 Minuten rundherum anbraten und aus dem Topf nehmen. Zwiebeln und Knoblauch hinzugeben und andünsten, bis die Zwiebeln glasig sind. Sellerie und Paprika hinzugeben und weitere 3 Minuten mit andünsten.

Mit dem Essig ablöschen, Tomaten hinzugeben und mit der Gemüsebrühe auffüllen. Lorbeerblätter, Thymian und Reis hinzugeben und 15–20 Minuten köcheln lassen.

Chorizo und Garnelen hinzugeben, gut umrühren und weitere 5 Minuten mitköcheln lassen. Mit Salz, Pfeffer, Paprikapulver, Kreuzkümmel und Cayennepfeffer würzen und servieren.

6 Personen | Dutch Oven (Fassungsvermögen ca. 4 Liter)

★ Lammkrone ★

MIT ROTEM CHIMICHURRI

Zutaten

2–3 Lammkarrees (je 500 g)

grobes Meersalz

100 ml Chimichurri,
plus mehr zum Servieren
(Rezept auf der folgenden Seite)

AUSSERDEM

Küchengarn

gusseiserne Pfanne oder Auflaufform

Fleischthermometer

Zubereitung

Den Smoker auf 110 °C einregeln und dabei die Feuerbox mit einem Rost für direkte Hitze vorbereiten.

Die Lammkarrees parieren und auf der Fleischseite zwischen den Knochen ca. 0,5 cm einschneiden, sodass sie sich leicht biegen lassen.

Das Lamm großzügig salzen und bei direkter Hitze 2–3 Minuten auf jeder Seite scharf in der Feuerbox angrillen.

Dann die Lammkarrees, mit der Fleischseite nach außen zeigend, zu einer Krone formen und an den jeweils außenstehenden Knochen zusammenbinden. Die Lammkrone in eine gusseiserne Pfanne oder eine Auflaufform stellen. Mit dem roten Chimichurri bestreichen und dies während des Garens mehrmals wiederholen.

Nun das Lamm solange garen, bis eine Kerntemperatur von etwa 60 °C erreicht ist. Das Lamm aus der Pfanne bzw. der Form nehmen und 5 Minuten ruhen lassen.

Dann aufschneiden und mit der Sauce als Dip servieren.

Tipp

Dazu passt hervorragend frisch gebackenes Bauernbrot.

6 Personen | 110 °C | direkt/indirekt
bei offenem/geschlossenem Deckel

Rotes Chimichurri

MIT PAPRIKA

Zutaten

1 große rote Paprika
6 Knoblauchzehen
3 Bund glatte Petersilie
1 Bund Koriandergrün
3 Frühlingszwiebeln
2 Zitronen
1 TL Salz
½ TL getrockneter Oregano
20 g getrocknete Tomaten
1 TL schwarzer Pfeffer
1 TL Chilipulver
1 TL geräuchertes Paprikapulver
50 ml Rotweinessig
100–150 ml Olivenöl

Zubereitung

Die Paprika in der Feuerbox vom Smoker von allen Seiten bei hoher direkter Hitze schwarz grillen. Dann für ein paar Minuten in einen Plastikbeutel geben und „schwitzen" lassen. Nach 5 Minuten die Haut und das Kerngehäuse entfernen.

Die Knoblauchzehen schälen. Petersilie und Koriander waschen, trocken schütteln und die Blätter abzupfen. Die Frühlingszwiebeln waschen und putzen. Die Zitronen halbieren und den Saft auspressen. Alle weiteren Zutaten bis auf das Öl in einen Standmixer geben und pürieren, bis eine homogene Masse entstanden ist.

Den Mixer auf niedriger Stufe weiterlaufen lassen und das Olivenöl stetig in dünnem Strahl hinzugeben, bis die gewünschte Konsistenz erreicht ist.

Die Chimichurri vor dem Servieren für etwa 2 Stunden im Kühlschrank durchziehen lassen

★ BBQ-Ochsenbäckchen ★

MIT PORTWEIN

Zutaten

2 Ochsenbäckchen

1 EL Olivenöl

3–4 EL BBQ-Rub nach Geschmack

1 Zwiebel

2 EL Apfelessig

1 EL Butter

50 ml Portwein (alternativ roter Traubensaft)

4–5 EL BBQ-Sauce nach Wahl

AUSSERDEM

Auflauform mit Deckel (alternativ mit Alufolie abdecken)

Zubereitung

Den Smoker auf 110 °C einregulieren.

Die Ochsenbäckchen mit dem Olivenöl einreiben und den BBQ-Rub rundherum auftragen. Die Bäckchen 3 Stunden bei 110 °C auf dem Smoker garen. Die Zwiebel abziehen und in feine Ringe schneiden.

Die Temperatur des Smokers auf 140 °C erhöhen

Nach Ablauf der Räucherphase müssen die Bäckchen etwa 2 Stunden gedämpft werden. Hierfür die Bäckchen mit Zwiebeln, Essig, Butter und Portwein (bzw. Saft) in die Form geben und abdecken.

Nach 2 Stunden die Bäckchen aus der Form nehmen und für weitere 45 Minuten räuchern. Die BBQ-Sauce mit dem Sud aus der Auflaufform verrühren und die Bäckchen alle 15 Minuten damit bepinseln.

Die Ochsenbäckchen sollten nun weich und zart sein. Mit der restlichen Sauce servieren.

2 Personen | 110–140 °C | indirekt bei geschlossenem Deckel

Spanferkelbauch

ASIATISCH GLASIERT

Zutaten

1 Schweinebauch vom Spanferkel (etwa 500 g)

Salz und Pfeffer

SAUCE

80 ml Hoisin-Sauce

4 EL Honig

60 ml Sojasauce

3 EL trockener Sherry

1 EL asiatischer Rub

Zubereitung

Den Smoker auf 140 °C vorheizen.

Die Fettschicht vom Spanferkelbauch mit einem scharfen Messer kreuzweise einschneiden und den Bauch rundherum mit je ½ TL Salz und Pfeffer würzen.

Die Zutaten der Sauce in einer Schüssel miteinander vermengen und etwa ein Drittel beiseitestellen.

Den Schweinebauch auf den Smoker legen und alle 10 Minuten mit der Sauce bepinseln.

Nach etwa 30 Minuten die Temperatur im Smoker für die letzten 10 Minuten erhöhen, um die Schwarte etwas aufzuknuspern.

Den Spanferkelbauch vom Grill nehmen und kurz ruhen lassen. Danach in Streifen schneiden und mit der restlichen Sauce servieren.

2 Personen | 140–200 °C | indirekt bei geschlossenem Deckel

Memphis Style

PORK BELLY BURNT ENDS

Zutaten

1 Schweinebauch ohne Schwarte (etwa 1–1,2 kg)

3–4 EL mittelscharfer Senf

100 g BBQ-Rub nach Geschmack

MEMPHIS-STYLE-BBQ-SAUCE

1 große Zwiebel

3 Knoblauchzehen

50 g Butter

120 ml Apfelessig

240 ml Tomatenketchup

2 EL brauner Zucker

1 EL Dijon-Senf

1 TL Worcestersauce

1 TL Paprikapulver

½ TL Chilipulver

1 TL Cayennepfeffer

je 1 TL Salz und Pfeffer

AUSSERDEM

1 ofenfeste Auflaufform

Zubereitung

Den Smoker auf 120 °C vorheizen.

Den Schweinebauch in Würfel schneiden (ca. 3 cm Kantenlänge). Die Würfel mit Senf einreiben und anschließend mit dem BBQ-Rub würzen. Die Schweinebauchwürfel 2 ½ Stunden auf dem Smoker räuchern.

In der Zwischenzeit die Sauce vorbereiten, hierfür zunächst Zwiebel und Knoblauch schälen und in feine Würfel hacken. Die Butter in einem Topf schmelzen lassen und Zwiebeln und Knoblauch darin anschwitzen.

Nach ein paar Minuten mit dem Essig ablöschen, die restlichen Zutaten hinzugeben und mit 100 ml Wasser glattrühren. Die Sauce 10–15 Minuten köcheln lassen, dabei gelegentlich umrühren.

Nach 2 ½ Stunden die Schweinebauch Burnt Ends aus dem Smoker in eine Auflaufform geben und mit der Sauce übergießen. Diese in der Form zurück auf den Smoker stellen und weitere 1 ½ Stunden köcheln lassen.

4 Personen | 120 °C | indirekt bei geschlossenem Deckel

★ Rückwärts gegrilltes Steak ★

AUS DER SIDEFIREBOX

Zutaten

1 großes Steak
(z. B. Ribeye, ca. 5 cm dick und 1 kg schwer)

2–3 EL grobes Meersalz

Pfeffer

AUSSERDEM

1 Fleischthermometer

Zubereitung

Das Steak etwa 3 Stunden vor dem Garbeginn aus dem Kühlschrank nehmen und Raumtemperatur annehmen lassen.

In der Zwischenzeit den Smoker auf 100 °C einregulieren.

Das Steak von beiden Seiten mit etwa 1 EL groben Meersalz bestreuen und im Garraum des Smokers platzieren. Das Steak bei niedriger Hitze so lange im Smoker grillen, bis eine Kerntemperatur von 50 °C erreicht ist (am besten mit einem Fleischthermometer kontrollieren).

Dann alle Ventile und Schieber der Feuerbox öffnen, etwas Holz nachlegen und die Grillroste einsetzen. Das Steak bei direkter Hitze 2 Minuten je Seite grillen.

Das Steak abgedeckt etwa 5–6 Minuten ruhen lassen und dann aufschneiden. Die Tranchen mit Salz und Pfeffer würzen und servieren.

---

4 Personen | 100 °C | indirekt/direkt bei geschlossenem/offenem Deckel

Ganzer Truthahn

VOM SMOKER

Zutaten

1 ganzer Truthahn (ca. 6 kg)

Salz und Pfeffer

BRINE

5 l Wasser

750 g Salz

750 g Zucker

20 Salbeiblätter

15 Thymianzweige

20 Lorbeerblätter

15 Gewürznelken

20 Walcholderbeeren

20 Pimentkörner

5 TL schwarzen Pfeffer

FÜLLUNG

6 Scheiben Weißbrot

2 Orangen

2 Eier (Größe M)

3 EL Sojasauce

Salz und Pfeffer

1 TL Estragon

6 EL Ahornsirup

Zubereitung

Die Zutaten für die Brine in einem großen Gefäß verrühren, bis sich Salz und Zucker aufgelöst haben. Den Truthahn 8 Stunden in der Lake an einem kühlen Ort ruhen lassen.

Einen Smoker oder Grill auf 120 °C vorheizen. Den Truthahn aus der Brine nehmen, gut trocken tupfen und von außen und innen großzügig mit Salz und Pfeffer einreiben.

Für die Füllung das Brot grob würfeln. Die Orangen filetieren und den Saft auffangen. Die Eier verquirlen und mit dem Brot, Orangenfilets und Sojasauce vermengen. Die Masse mit je 1 TL Salz, Pfeffer und Estragon würzen. Den aufgefangenen Orangensaft mit dem Ahornsirup verrühren und beiseitestellen.

Den Truthahn befüllen und mit Bratenschnur verschließen. Sobald der Grill auf Temperatur ist, den Truthahn mit der Brustseite nach oben garen, bis eine Kerntemperatur von 68 °C erreicht ist. Die Temperatur des Smokers auf 160–180 °C erhöhen und mit der Mischung aus Orangensaft und Ahornsirup bepinseln. Den Vorgang noch 2-mal wiederholen, bis eine Kerntemperatur von 75 °C erreicht ist.

Den Truthahn vom Smoker nehmen und etwa 20 Minuten abgedeckt ruhen lassen. Den Truthahn tranchieren, die Füllung entnehmen und servieren.

8 Personen | 120–180 °C | indirekt bei geschlossenem Deckel

Räucherlachs

MIT DILLSPITZEN

Zutaten

100 g grobes Salz

60 g brauner Zucker

1 TL getrocknete Dillspitzen

1 Lachsseite (ca. 1 kg)

AUSSERDEM

1 Kaltrauchgenerator

500 g Räuchermehl

Zubereitung

Salz, Zucker und Dillspitzen miteinander vermengen. Den Lachs auf Gräten kontrollieren und etwaige Fettränder abschneiden.

Die Fischseite am besten auf ein kleines Gitter legen (mit Backblech oder Platte darunter), damit der Fisch später nicht in der Pökellake liegt.

Den Fisch mit der Salzmischung komplett bedecken und für 24 Stunden im Kühlschrank pökeln. Dieser Vorgang entzieht dem Fisch Flüssigkeit und macht ihn haltbar.

Nach 24 Stunden die Salzkruste abklopfen, abwaschen und den Fisch gut trocken tupfen. Dann weitere 8 Stunden im Kühlschrank trocknen lassen.

Im nächsten Schritt wird der Kaltrauchgenerator mit Räuchermehl befüllt und im Garraum des Smokers unter dem Lachsfilet gestartet. Wer einen Räucherturm an seinem Smoker hat, kann hier das Lachsfilet auch hängend im Turm räuchern.

Der Räuchervorgang dauert ca. 6 Stunden. Im Anschluss benötigt der Lachs ca. 4 Stunden Zeit zum Ziehen – hierfür den Fisch einfach im Grill liegen bzw. hängen lassen. Wer einen intensiveren Rauchgeschmack möchte, kann nun noch einen zweiten Räucherdurchgang durchführen.

Hauchdünn aufgeschnitten servieren und sein voll entfaltetes Aroma genießen.

4 Personen | 25 °C | indirekt bei geschlossenem Deckel

Sweet Chili

HÄHNCHENSPIESSE

Zutaten

200 g Hähnchenbrust

MARINADE

4 EL Sweet-Chili-Sauce

1 EL Sojasauce

1 EL Hoisin-Sauce

1 EL Miso-Paste

2 Zweige Koriander

AUSSERDEM

4 Metallspieße

Mit dem Beefer®

Zubereitung

Die Hähnchenbrust der Länge nach in gleichmäßige Streifen schneiden und in eine Schüssel geben.

Die Zutaten für die Marinade in einen Mixer geben, sehr fein pürieren und zur Hähnchenbrust geben. Alles gut miteinander vermengen und auf 4 Metallspieße aufspießen.

Den Beefer® 5 Minuten auf höchster Stufe vorheizen.

Spieße auf einen Grillrost legen und für 20 Sekunden je Seite in den obersten Einschub direkt unter die Flamme geben.

Die Spieße nun für 3 Minuten im unteren Garraum des Beefers® in einer Grillschale ruhen lassen.

Zum Finalisieren die Spieße noch einmal für einige Sekunden je Seite direkt unter die Flamme geben, bis die gewünschte Bräunung erreicht ist.

Tipp

Beim Aufspießen des Hähnchens darauf achten, dass die Spieße eine gleichmäßige Dicke haben.

2 Personen | höchste Stufe

Rosa Entenbrust

MIT ERDNUSSÖL

Zutaten

2 Entenbrüste (à 170 g)

½ TL gemahlener Kümmel

½ TL edelsüßes Paprikapulver

½ TL Salz

½ TL Pfeffer

½ TL Dijonsenf

3 EL Erdnussöl

Mit dem Beefer®

Zubereitung

Die Haut der Entenbrüste vorsichtig und rautenförmig einschneiden. Die Gewürze und den Dijonsenf mit dem Erdnussöl in einer Schüssel sorgfältig vermengen und die Entenbrüste darin für 20 Minuten bei Raumtemperatur einlegen.

Die Entenbrüste aus der Marinade nehmen und auf einem Küchentuch abtropfen lassen.

Den Beefer® 5 Minuten auf höchster Stufe vorheizen.

Die Entenbrust auf einen Grillrost legen und 50 Sekunden je Seite in den obersten Einschub des Beefers® geben.

Nach der ersten Garzeit die Entenbrust in eine Grillschale legen und 5 Minuten bei regelmäßigem Wenden im unteren Garraum ruhen lassen.

Zum Finalisieren die Entenbrust für einige Sekunden mit der Hautseite nach oben direkt unter die Flamme geben, bis die gewünschte Bräunung erreicht ist.

2 Personen | höchste Stufe

800g-Beef-Flank-Steak

MIT KRÄUTERN

Zutaten

1 Flank Steak (800 g)

1 kleiner Zweig Rosmarin

4 kleine Zweige Thymian

20 g Butter

1 TL grobes Meersalz

1 TL geschroteter Pfeffer

Mit dem Beefer®

Zubereitung

Das überschüssige Fett vom Flank Steak mit dem Messer entfernen. Rosmarin und Thymian waschen und trocken schütteln. Die Butter bereitstellen.

Den Beefer® 5 Minuten auf höchster Stufe vorheizen.

Das Flank Steak auf einen Grillrost legen und 50 Sekunden je Seite in den obersten Einschub direkt unter die Flamme geben. Nun das Flank Steak für 3 Minuten in eine Grillschale im unteren Garraum des Beefers® legen, Thymian, Rosmarin und Butter auf das Fleisch geben, bis die Butter schmilzt. Das Fleisch regelmäßig wenden, um die Aromen auf dem Fleisch zu verteilen.

Zum Finalisieren das Fleisch noch einmal für einige Sekunden je Seite direkt unter die Flamme geben, bis die gewünschte Bräunung erreicht ist.

Fest in Alufolie gewickelt, sollte das Fleisch noch einmal 5 Minuten auf dem Küchenbrett ruhen. Zum Anrichten das Fleisch gegen die Faser in 1 cm dicke Scheiben schneiden und mit Meersalz und geschrotetem Pfeffer bestreuen.

Tipp

Den überschüssigen Fleischsaft, der sich mit den Aromen von Rosmarin, Thymian und Butter gebildet hat, in der Grillschale auffangen und als Sauce verwenden.

4 Personen höchste Stufe

Toskana-Fleischbällchen

MIT TOMATENSAUCE

Zutaten

HACKBÄLLCHEN

200 g gemischtes Hackfleisch

1 kleine Zwiebel

1 Knoblauchzehe

2 Zweige Majoran

2 Stängel Basilikum

2 Zweige Estragon

1 EL Salz

½ TL Pfeffer

1 Ei (Größe M)

20 g Paniermehl

TOMATENSAUCE

1 kleine Zwiebel

1 Knoblauchzehe

2 Stängel Basilikum

250 g gehackte Tomaten (Dose)

½ TL Salz

½ TL Zucker

½ TL geschroteter Pfeffer

100 g geriebener Mozzarella

Zubereitung

Für die Hackbällchen das Hackfleisch in eine Schüssel geben. Zwiebel und Knoblauch schälen und in feine Würfel schneiden. Die Kräuter waschen, trocken schütteln, die Blätter abzupfen und fein hacken. Alle Zutaten für die Bällchen zum Hackfleisch geben und sorgfältig vermengen. Aus der Masse Bällchen (à 60 g) formen und in die Beefer®-Römertopf-Schale geben.

Den Beefer® 5 Minuten auf höchster Stufe vorheizen.

Die Schale mit den Bällchen auf einen Grillrost stellen und im obersten Einschub direkt unter die Flamme geben. Die Bällchen müssen dabei regelmäßig gewendet werden, bis sie rundum gleichmäßig braun sind. Dann in den untersten Einschub geben und ca. 3 Minuten ruhen lassen.

Für die Tomatensauce Zwiebel und Knoblauch schälen und in feine Würfel schneiden. Das Basilikum waschen, trocken schütteln, die Blätter abzupfen und sehr fein hacken. Alles mit den gehackten Tomaten vermischen und mit Salz, Zucker und Pfeffer abschmecken. Die Sauce nun über die Hackbällchen in die Schale geben und für 3 Minuten in den untersten Einschub des Beefers® geben.

Zum Finalisieren den Mozzarella auf die Hackbällchen in Tomatensauce geben und für einige Sekunden direkt unter die Flamme geben, bis die gewünschte Bräunung erreicht ist.

Mit dem Beefer®

2 Personen | höchste Stufe

Ganze Dorade

MIT FRISCHEN KRÄUTERN

Zutaten

4 Zweige Thymian

2 Zweige Rosmarin

4 Stängel Dill

2 frische Doraden (ausgenommen)

2 TL Meersalz

4 Scheiben Bio-Zitrone

Mit dem Beefer®

Zubereitung

Die Kräuter waschen und trocken schütteln.

Die Doraden unter fließendem Wasser gründlich säubern. Mit einer Küchenschere alle Bauch- und Rückenflossen abschneiden und den Fisch sorgfältig entschuppen. Die Doraden auf ein Küchenbrett legen und die Haut auf beiden Seiten vorsichtig einschneiden. Je die Hälfte der restlichen Zutaten in die Bauchhöhle eines Fischs legen.

Den Beefer® 5 Minuten auf höchster Stufe vorheizen.

Die Fische nacheinander auf einen Grillrost legen und für 30 Sekunden je Seite in den obersten Einschub direkt unter die Flamme geben. Anschließend im untersten Einschub 5 Minuten garen lassen, dabei regelmäßig wenden.

Danach den Fisch im untersten Garraum auf einem Grillblech 4 Minuten ruhen lassen, bis eine Kerntemperatur von 65 °C erreicht ist.

Zum Finalisieren den Fisch noch einmal für wenige Sekunden je Seite direkt unter die Flamme geben, bis die gewünschte Bräunung erreicht ist.

2 Personen | höchste Stufe

Geplankter Spitzkohl

MIT BLAUSCHIMMELKRUSTE

Zutaten

1 Spitzkohl (etwa 1 kg)

200 g Blauschimmelkäse (z. B. Gorgonzola)

100 g Saure Sahne

100 g Schmand

Saft von ½ Limette

Salz und Pfeffer

AUSSERDEM

1–2 Zedernholzplanken

Zubereitung

Eine Zedernholzplanke etwa 2 Stunden in kaltem Wasser einweichen. Den Kohl vom Strunk befreien und 15 Minuten in heißem Wasser blanchieren.

Für die Kruste den Blauschimmelkäse mit Saurer Sahne, Schmand und Limettensaft vermischen und mit Salz und Pfeffer abschmecken.

Den Spitzkohl in daumendicke Scheiben schneiden und auf die Zedernholzplanke legen. Die Kohlscheiben mit dem Käse-Topping bestreichen und etwa 35 Minuten auf dem Smoker bei 120 °C indirekter Hitze garen.

Der Kohl ist fertig, wenn er noch einen leichten Biss hat und der Käse schön goldbraun geworden ist.

Tipp

Das Rezept lässt sich auch prima mit Rotkohl zubereiten.

4 Personen | 120 °C | indirekt bei geschlossenem Deckel

Beer Can Cabbage

VOM SMOKER

Zutaten

1 Weißkohl (etwa 1 kg)

200 ml Lagerbier

1 Zweig Thymian

1 Zweig Rosmarin

6 EL BBQ-Sauce nach Wahl

AUSSERDEM

1 Hähnchensitz

Zubereitung

Smoker auf 110 °C vorheizen.

Den Weißkohl vom Strunk entfernen, den Kohl dabei ganz lassen. Für 30 Minuten in kochendem Wasser blanchieren.

Den Hähnchensitz mit Bier und den Kräutern füllen. Den vorgegarten Kohl auf die Halterung setzen und auf dem Smoker etwa 60 Minuten garen.

Nach 45 Minuten den Kohl mit der BBQ-Sauce bestreichen und für 15 Minuten weitersmoken. Zwischendurch noch einmal mit BBQ-Sauce bepinseln. Den Kohl vom Smoker nehmen und etwa 10 Minuten abkühlen lassen. Anschließend in feine Streifen schneiden.

Tipp

Als Variante eignen sich auch andere feste Kohlsorten sehr gut. Der Kohl passt perfekt als Alternative zum klassischen Coleslaw zu Pulled Pork, lässt sich aber auch mit Stampfkartoffeln als vollwertige Mahlzeit servieren.

4 Personen | 110 °C | indirekt bei geschlossenem Deckel

Zwiebelkuchen

GEGRILLT

Zutaten

TEIG

½ Würfel Hefe (21 g)

1 TL Zucker

200 g Dinkelmehl

Salz

FÜLLUNG

500 g Zwiebeln

1 Handvoll Petersilie

4 EL Pflanzenöl

½ TL Salz

4 Eier (Größe M)

200 g saure Sahne

1 TL Kümmel

¼ TL Salz

AUSSERDEM

1 feuerfeste Tarte-Form (26 cm)

Butter für die Form

Zubereitung

Hefe mit 100 ml lauwarmem Wasser und Zucker verrühren und 5 Minuten ruhen lassen. Dinkelmehl und Salz hinzufügen und alles zu einem geschmeidigen Teig verkneten, je nach Konsistenz evtl. etwas mehr Mehl dazugeben. Den Teig mit einem Küchentuch abdecken und an einem warmen Ort 60 Minuten gehen lassen.

In der Zwischenzeit die Füllung zubereiten. Dafür Zwiebeln schälen und in Würfel schneiden. Petersilie waschen, trocken schütteln und hacken. Öl in einer Pfanne erhitzen und die Zwiebelwürfel darin anschwitzen, aber nicht bräunen. Eier mit saurer Sahne, Kümmel, Salz und 1 Esslöffel gehackter Petersilie verrühren.

Die Backform mit Butter einfetten und den Hefeteig darin ausbreiten. Die angeschwitzten Zwiebeln auf dem Hefeteig verteilen und die Eiermasse daraufgeben.

Den Zwiebelkuchen bei indirekter Hitze und geschlossenem Deckel bei 200 °C etwa 50 Minuten backen.

(1 Tarte, 26 cm) | etwa 200 °C | indirekt bei geschlossenem Deckel

Halloumi-Zucchini-Spieße

MIT CHILI-LIMETTEN-ÖL

Zutaten

CHILI-LIMETTEN-ÖL

3 Habanero-Chilischoten (rot, gelb)

1 Zweig Thymian

Abrieb von 3 Bio-Limetten

Salz

grober Pfeffer

300 ml gutes Olivenöl

SPIESSE

je 1 gelbe und grüne Zucchini

Salz

100 g getrocknete Tomaten

500 g Halloumi

Zubereitung

Das Chili-Limetten-Öl einige Stunden vor dem Grillen zubereiten. Dafür die Chilischoten halbieren, entkernen und anschließend fein würfeln bzw. hacken. Thymian waschen, trocken schütteln und hacken. Mit Limettenschale, 1 Esslöffel gehacktem Thymian, Öl, Salz und Pfeffer verrühren.

Für die Spieße die Zucchini waschen, die Enden abschneiden. Anschließend längs in 2 mm dicke Scheiben schneiden. Nebeneinander ausbreiten, leicht salzen und 5 Minuten ruhen lassen. Getrocknete Tomaten halbieren und jeweils ein Stück eng in eine Zucchinischeibe einrollen. Halloumi in etwa 2 cm große Würfel schneiden und abwechselnd mit den Zucchiniröllchen auf einen Holzspieß stecken. Die fertigen Spieße dann über Nacht in das Chili-Limetten-Öl einlegen.

Die abgetropften Spieße auf beiden Seiten goldbraun bei etwa 200 °C grillen und mit dem Chili-Limetten-Öl servieren.

Tipp

Statt Zucchinischeiben können Sie auch Auberginenscheiben verwenden.

4 Personen | etwa 200 °C | direkt bei offenem Deckel

Quesadillas

MIT GUACAMOLE

Zutaten

4 Tortilla-Fladen

GEMÜSE

1 gelbe Paprika

1 rote oder grüne Chilischote

2 Frühlingszwiebeln

1 kleines Bund grüner Thai-Spargel

1 Handvoll frischer Spinat

1 Schuss Olivenöl

Salz und Pfeffer

SAURE-SAHNE-KÄSE-MISCHUNG

200 g Saure Sahne

200 g geriebener Käse, z. B. Gouda oder Mozzarella

1 TL gemahlener Kreuzkümmel

1 TL gemahlener Koriander

GUACAMOLE

2 Avocados

1 EL Limettensaft

1 kleines Bund Koriander

Salz und Pfeffer

Zubereitung

Den Grill auf 200 °C direkte Hitze vorbereiten.

Paprika halbieren, entkernen, Trennhäute entfernen, waschen und in kleine Stücke schneiden. Chilischote klein schneiden, Frühlingszwiebeln putzen, Spargel waschen und beides klein schneiden. Spinat waschen, trocken tupfen und grob zerkleinern. Alles mit etwas Olivenöl, Salz und Pfeffer marinieren. Anschließend in einer Grillschale anrösten.

Für die Käse-Mischung die Saure Sahne und den geriebenen Käse mischen, gemahlenen Koriander und Kreuzkümmel zufügen, mit Salz und Pfeffer abschmecken.

Für die Guacamole das Fruchtfleisch der Avocados auslösen, zerdrücken oder kurz pürieren, mit dem Limettensaft verrühren. Koriander waschen, trocken schütteln, Blätter abzupfen und fein schneiden. Zur Avocado geben und zu einer Guacamole verrühren. Mit Salz und Pfeffer abschmecken.

Tortilla-Fladen jeweils mit der Saure-Sahne-Käse-Mischung und der Guacamole bestreichen, das gegrillte Gemüse darauf verteilen, zusammenklappen und mit etwas Öl bestreichen. Anschließend bei leicht reduzierter Hitze auf dem Grill platzieren und etwa 4 Minuten von beiden Seiten grillen. Zum Servieren in Viertel zerteilen.

Tipp

Die Auswahl des Gemüses kann nach Belieben variiert werden.

4 Personen | 200 °C | direkt bei geschlossenem/offenem Deckel

Corona Extra

★ Veggie Burger ★

TRIPLE CHEESE

Zutaten

SAUCE

200 g Cheddar

2 EL Mayonnaise

50 ml Milch

1 TL Ahornsirup

½ TL edelsüßes Paprikapulver

PATTYS

200 g Grillkäse, z. B. Halloumi

200 g Kidneybohnen (aus der Dose)

4 EL Panko oder Paniermehl

1 TL geräuchertes Paprikapulver

1 Ei (Größe M)

Salz und Pfeffer

100 g Pflücksalat

2 große rote Paprika

100 g Austernpilze

etwas Rapsöl

Salz und Pfeffer

4 Scheiben Schmelzkäse

4 helle Burger-Brötchen

Zubereitung

Cheddar reiben, mit den anderen Zutaten in eine Metallschüssel füllen und im heißen Wasserbad erhitzen, mit dem Schneebesen glattrühren.

Den Grillkäse reiben, Kidneybohnen in ein Sieb geben, gut abspülen und abtropfen lassen. Anschließend in eine Schüssel füllen und mit der Gabel fein zerdrücken. Grillkäse und restliche Zutaten hinzufügen und zu einer homogenen Masse vermengen. Mit Salz und Pfeffer abschmecken und 4 Burger-Pattys formen.

Den Grill auf 180 °C direkte Hitze vorbereiten.

Salat verlesen, waschen und trocken schleudern. Paprika achteln, entkernen und Trennwände entfernen, waschen und leicht flach drücken. Austernpilze putzen und nach Bedarf klein schneiden. Paprika und Pilze mit etwas Rapsöl marinieren, salzen und pfeffern und in einer Grillschale einige Minuten grillen.

Die Burger-Pattys je 4–5 Minuten von beiden Seiten mitgrillen, in der letzten Minute den Schmelzkäse auf die Pattys legen, die halbierten Burger-Brötchen ebenfalls mit anrösten.

Die Cheddar-Sauce auf den Brötchen-Hälften verteilen, mit Grillgemüse, Salat und den Pattys aufschichten.

4 Personen | 180 °C | direkt bei offenem Deckel

Zucchini-Bomben

MIT ALIGOT

Zutaten

250 g Bergkäse

20 g Butter

2 EL Crème fraîche

500 g mehlig kochende Kartoffeln

etwas Muskat, frisch gerieben

Salz und Pfeffer

4 runde Zucchini

Zubereitung

Käse reiben, Butter und Crème fraîche bereitstellen.

Kartoffeln schälen, in leicht gesalzenem Wasser weich kochen, kurz ausdämpfen lassen. Den Grill für 220 °C direkte Hitze vorbereiten.

Die noch heißen Kartoffeln mit Butter, Käseraspeln und Crème fraîche in eine Schüssel geben und mit dem Handmixer glatt rühren. Mit etwas Muskatnuss, Salz und Pfeffer abschmecken. Abgedeckt warm halten.

Von den Zucchini den Deckel abschneiden und aushöhlen. Mit der Kartoffel-Käse-Masse bis knapp unter den Rand füllen

Die gefüllten Zucchini in einer feuerfesten Form eng aneinandersetzen und bei geschlossenem Deckel etwa 30 Minuten grillen, bis die Masse oben austritt und leicht bräunt. In den letzten Minuten die Zucchini-Deckel direkt auf den Rost legen und mitgrillen. Zum Servieren wieder auf die gefüllten Zucchini setzen. Nach Belieben mit Kräutern garnieren.

4 Personen | 220 °C | direkt bei geschlossenem Deckel

Blumenkohl

MIT KAPERN-NUSSBUTTER

Zutaten

KAPERN-NUSSBUTTER

80 g Butter

3 EL Kapern

1 Zweig Rosmarin

1 TL Ahornsirup

1 TL Orangensaft

BLUMENKOHL

4 Scheiben Blumenkohl (ca. 2 cm Breite)

2 EL Erdnussöl

Meersalzflocken

Mit dem Beefer®

Zubereitung

Für die Kapern-Nussbutter die Butter in einem Topf erhitzen und kochen lassen, bis sie bräunlich wird. Vom Herd nehmen und leicht abkühlen lassen. Die Kapern grob hacken. Den Rosmarin waschen, trocken schütteln, die Nadeln abzupfen und fein hacken. Alle Zutaten zur Butter geben und sorgfältig miteinander vermengen.

Die Blumenkohlscheiben mithilfe eines Pinsels gleichmäßig mit Erdnussöl einpinseln und mit Meersalz bestreuen.

Den Beefer® 5 Minuten auf höchster Stufe vorheizen.

Die Blumenkohlscheiben auf einen Grillrost legen und 90 Sekunden je Seite in den mittleren Einschub des Beefers® geben. Zum Finalisieren den Blumenkohl noch einmal für einige Sekunden je Seite direkt unter die Flamme geben, bis die gewünschte Bräunung erreicht ist.

Vor dem Servieren die Kapern-Nussbutter auf 60 °C erwärmen und gleichmäßig auf dem Blumenkohl verteilen.

4 Personen | höchste Stufe

★ Parmesan-Kartoffeln ★

ÜBERBACKEN

Zutaten

500 g vorwiegend festkochende Kartoffeln

100 g Parmesan

1 TL Paprikapulver

½ TL Zwiebelpulver

½ TL Knoblauchpulver
Salz

½ TL Pfeffer

5–6 EL Rapsöl

Zubereitung

Einen Grill auf mittlere direkte und indirekte Hitze vorbereiten.

Die Kartoffeln waschen, abtrocknen und in 0,5 cm dicke Scheiben schneiden. Den Parmesan reiben und mit Paprika-, Zwiebel- und Knoblauchpulver sowie 1 Prise Salz und Pfeffer in einer Schüssel vermengen.

Die Kartoffelscheiben mit etwas Öl bepinseln und etwa 3–4 Minuten von jeder Seite auf mittlerer Hitze angrillen. Die Kartoffelscheiben mit dem restlichen Öl bepinseln, von beiden Seiten mit der Käse-Gewürz-Mischung würzen und in eine Auflaufform legen.

Die Kartoffelscheiben bei 160 °C etwa 25 Minuten auf dem Grill bei indirekter Hitze garen.

4 Personen | 160 °C | direkt/indirekt bei offenem Deckel

Cornbread

MIT CHEDDARKRUSTE

Zutaten

60 g Butter

250 g Buttermilch

1 Ei (Größe M)

1 EL Honig

200 g Maismehl

120 g Weizenmehl

2 EL brauner Zucker

1 EL Backpulver

Salz

100 g geriebener Cheddar

AUSSERDEM

1 gusseiserne Pfanne (Ø 28 cm)

Zubereitung

Den Smoker anfeuern und auf 180 °C einregulieren.

Die Butter auf dem Smoker in einer feuerfesten Schüssel schmelzen lassen und mit der Buttermilch, dem Ei und Honig verrühren.

Parallel beide Mehle, Zucker, Backpulver und ½ TL Salz in einer Schüssel vermengen. Das Butter-Ei-Gemisch mit der Mehlmischung zu einem glatten Teig verrühren. Die gusseiserne Pfanne einfetten und den Teig einfüllen. Auf dem Smoker 25–30 Minuten backen. Nach 15 Minuten das Cornbread mit geriebenem Cheddar bestreuen.

Nach dem Backen 15 Minuten abkühlen lassen und vorsichtig aus der Pfanne nehmen.

4 Personen | 180 °C | indirekt bei offenem/geschlossenem Deckel

Dreierlei eingelegte rote Zwiebeln

BASISREZEPT

Zutaten

500 g rote Zwiebeln

250 ml Apfelessig

2 TL Salz

1 TL Zucker

½ TL schwarze Pfefferkörner

Zubereitung

Die Zwiebeln schälen und in feine Ringe schneiden. 200 ml Wasser in einem Topf zum Kochen bringen und vom Herd nehmen. Essig, Salz, Zucker und Pfefferkörner hinzugeben und so lange rühren, bis sich Salz und Zucker aufgelöst haben.

Die Zwiebeln in ein Glas (am besten mit Schraubverschluss) geben und mit der heißen Flüssigkeit übergießen. Das Glas verschließen, abkühlen und über Nacht im Kühlschrank durchziehen lassen

EINGELEGTE ROTE CHILIZWIEBELN

Zutaten

500 g rote Zwiebeln

150 ml Rotweinessig

100 ml Rotwein

Salz und Zucker

½ TL Senfkörner

2 Lorbeerblätter

2 frische rote Chilischoten (Bird's Eye oder Thai-Chili)

Zubereitung

Die Zwiebeln schälen und in feine Ringe schneiden. 200 ml Wasser in einem Topf zum Kochen bringen und vom Herd nehmen.

Rotweinessig, Rotwein, je 2 TL Salz und Zucker und die Senfkörner hinzugeben und rühren, bis sich Salz und Zucker aufgelöst haben.

Die Zwiebeln mit den Lorbeerblättern und den Chilis in ein Glas geben und mit der Flüssigkeit übergießen. Das Glas verschließen, abkühlen und über Nacht im Kühlschrank durchziehen lassen.

EINGELEGTE ROTE KRÄUTERZWIEBELN

Zutaten

500 g rote Zwiebeln
1 TL Pimentkörner
2 Gewürznelken
250 ml Weißweinessig
60 ml Zitronensaft
1 TL Salz
2 TL Zucker
4 Lorbeerblätter
2 Zweige Thymian
1 Zweig Rosmarin

Zubereitung

Die Zwiebeln schälen und in feine Ringe schneiden. Die Pimentkörner und Nelken in einer Pfanne ohne Öl langsam rösten, bis sich die ätherischen Öle entfalten. Den Essig, Zitronensaft, Salz und Zucker hinzugeben und so lange rühren, bis sich Salz und Zucker aufgelöst haben. 200 ml Wasser in einem Topf zum Kochen bringen und vom Herd nehmen. Dann die Essig-Gewürzmischung zum Wasser geben.

Die Zwiebeln mit Lorbeerblättern, Thymian und Rosmarin in ein großes Glas (am besten mit Schraubverschluss) geben und mit der Flüssigkeit übergießen. Das Glas verschließen, abkühlen und über Nacht im Kühlschrank durchziehen lassen.

Kräuterbutter

MAL 3

Zutaten

125 g weiche Butter

etwas Fleur de Sel

VARIANTE 1

75 g Bärlauch, fein gehackt

Abrieb von 1 Bio-Limette

VARIANTE 2

5 eingelegte getrocknete Tomaten, fein gehackt

½ TL Piment d'Espelette

VARIANTE 3

½ TL Knoblauchgranulat

1 EL Petersilie, fein gehackt

1 EL Brunnenkresse, fein gehackt

1 EL Kerbel, fein gehackt

1 TL Senf

Zubereitung

Die Zutaten der jeweiligen Varianten mit der zimmerwarmen Butter und dem Salz vermengen, auf ein Stück Frischhaltefolie geben und zu einer Rolle formen, die Enden zusammendrehen und kalt stellen.

4 Personen

Burger-Brötchen

SO SOFT

Zutaten

150 ml Milch

20 g frische Hefe

2 EL Zucker

480 g Weizenmehl

60 g weiche Butter

3 Eier (Größe M)

½ TL Salz

etwas Rapsöl

AUSSERDEM

1 Grillplatte

Zubereitung

Milch mit 50 ml Wasser lauwarm erwärmen und in eine Schüssel gießen. Hefe hineinbröckeln und darin auflösen, Zucker zufügen und das Ganze mit dem Schneebesen glatt verrühren.

Die Hälfte des Mehls, Butter und 2 Eier zufügen und die Zutaten mit dem Handmixer zu einem glatten Teig vermengen. Schließlich restliches Mehl und Salz zugeben, alles zu einem glatten Teig verarbeiten und diesen abgedeckt 1 Stunde an einem warmen Ort gehen lassen.

Nach der ersten Ruhephase den Teig aus der Schüssel nehmen, dehnen und 2-mal zur Mitte hin falten, anschließend mit etwas Rapsöl bestreichen, nochmals 1 Stunde abgedeckt in der Schüssel gehen lassen

Den Grill (indirekte Hitze) oder Backofen auf 200 °C vorbereiten.

Restliches Ei trennen und das Eigelb verquirlen. Den Teig in 8 Portionen teilen, jeweils nochmals dehnen und zur Mitte hin falten, mit dem Verschluss nach unten drehen und mit der flachen Hand rund rollen.

Die Teigstücke mit etwas Abstand auf ein Backblech oder eine ebene Grillplatte legen, mit dem Eigelb bestreichen und 15 Minuten backen. Grill geschlossen halten.

Tipp

Vor dem Backen kann man die Burger-Brötchen mit Sesamsamen bestreuen.

4–8 Personen

Dunkelbierbrot

GEFÜLLT MIT PREISELBEEREN UND RACLETTEKÄSE

Zutaten

10 g Hefe

200 ml dunkles Weizenbier

1 EL Zucker

500 g Dinkelmehl

1 TL Salz

½ TL Cayennepfeffer

Kümmel (ganz)

60 ml Olivenöl

150 g Raclettekäse

3 TL Preiselbeeren

grob gemahlener schwarzer Pfeffer

2 EL Pflanzenöl

Zubereitung

Für den Teig die Hefe mit dem Bier und dem Zucker verrühren und 10 Minuten ruhen lassen. Mehl, Salz, Cayennepfeffer, ½ TL Kümmel und Olivenöl beimischen. Die Masse zu einem Teig verkneten und ihn 1 Stunde ruhen lassen.

Den Raclettekäse klein schneiden und mit den Preiselbeeren und einer Prise schwarzem Pfeffer vermengen.

Aus dem Teig kleine Kugeln formen, eine Mulde in die Mitte drücken und diese mit der Käsemasse füllen. Beim Verschließen aufpassen, dass die Käsefüllung komplett vom Teig umschlossen ist. Den Dutch Oven mit dem Pflanzenöl einfetten, die Brotkugeln hineinlegen, diese mit etwas Wasser bepinseln, nach Belieben mit Kümmel bestreuen und nochmals 15 Minuten gehen lassen.

Den Dutch Oven mit dem Deckel verschließen und ⅔ der heißen Briketts oder Kohlen darauf verteilen. Das letzte Drittel unter dem Topf platzieren und die kleinen Brote etwa 25–30 Minuten backen.

Tipp

Zu den kleinen Broten Feldsalat mit einem Zwiebeldressing servieren.

Bei geschlossenem Deckel

Eiersalat

AUS DEM HEISSRAUCH

Zutaten

8–10 Eier

1 Bund Blattpetersilie

150 g Mayonnaise

Essig

Sherry

1 EL Senf

Salz und Pfeffer

Zubereitung

Den Smoker auf 120 °C vorheizen.

Die rohen Eier für 6 Stunden auf den Smoker geben. Dann abkühlen lassen.

Die Eier schälen und klein schneiden. Die Petersilie fein hacken. Mayonnaise mit je 1 Schuss Essig und Sherry, Senf und Petersilie verrühren und mit Salz und Pfeffer abschmecken. Die Eier unterheben und servieren.

4 Personen | 120 °C | indirekt bei geschlossenem Deckel

Schmand-Tarte

MIT BASILIKUM-ERDBEEREN

Zutaten

FÜLLUNG

250 g Crème fraîche

3 Eigelb (Größe M)

1 Ei (Größe M)

110 g Zucker

20 g Puddingpulver Vanillegeschmack

Mark von 1 Vanilleschote

etwas Abrieb von 1 Bio-Zitrone

etwas Abrieb von 1 Bio-Orange

MÜRBETEIG

125 g weiche Butter

75 g Zucker

1 Prise Salz

1 Eigelb (Größe M)

225 g Mehl

Butter für die Form

BASILIKUM-ERDBEEREN

500 g Erdbeeren

6 Stängel Basilikum

Zitronenlikör

AUSSERDEM

1 feuerfeste Tarte-Backform (26 cm)

Zubereitung

Für die Füllung die Crème fraîche mit Eigelb, Ei, Zucker, Puddingpulver und Vanillemark in einer Schüssel glatt verrühren. Mit etwas Zitronen- und Orangenabrieb abschmecken.

Butter mit Zucker, Salz und Eigelb mit dem Handmixer (Rührbesen) schaumig schlagen. Mehl dazusieben und alles zu einem geschmeidigen Teig verkneten. Tarte-Form mit etwas Butter fetten, den Mürbeteig dünn ausrollen und in die Form legen.

Erdbeeren putzen, waschen, trocken tupfen und vierteln. Basilikum waschen, trocken schütteln und Blätter abzupfen. Blätter ggf. etwas kleiner zupfen. Erdbeeren mit etwas Zitronenlikör, Zucker und Basilikum mischen.

Den Grill auf etwa 200 °C anheizen und eine indirekte Zone schaffen. Die Füllung auf den Mürbeteig in die Tarteform geben und verstreichen. Die Tarte bei geschlossenem Deckel grillen, bis die Schmandmasse fest wird (das dauert etwa 30–40 Minuten). Erdbeersalat dazu reichen.

Tipp

Sie können die Tarte auch mit gemischten Beeren servieren

1 große Tarte | etwa 200 °C | indirekt bei geschlossenem Deckel

Schoko-Kirsch-Schnecken

AUS DER GUSSPFANNE

Zutaten

150 g Nussnougatcreme

1 Glas Schattenmorellen oder Sauerkirschen (Abtropfgewicht 350 g)

1 Pck. Hefeteig (Fertigprodukt)

100 g Puderzucker

AUSSERDEM

1 gusseiserne Pfanne (Ø 28 cm)

Zubereitung

Den Smoker auf 150° C vorheizen, die Nussnougatcreme in einer Schüssel daraufgeben und etwas flüssig werden lassen. Die Kirschen in einem Sieb abtropfen lassen.

Den Hefeteig ausrollen und mit der Creme bestreichen. Die Kirschen gleichmäßig darüber verteilen. Nun den Teig der Länge nach aufrollen. Die Teigrolle in etwa 4–5 cm dicke Scheiben schneiden.

Die gusseiserne Pfanne mit den Schnecken mit der Schnittkante nach unten befüllen. Nun die Schnecken etwa 35 Minuten auf dem Smoker backen, bis der Teig durchgebacken und die Schnecken goldbraun sind.

Vor dem Servieren kurz auskühlen lassen und mit Puderzucker bestreuen.

6 Personen | 150 °C | indirekt bei geschlossenem Deckel

Baked Alaska

MIT FLAMBIERTEN GIN-BEEREN

Zutaten

6 Eiweiß

3 EL Puderzucker

250 g TK-Beerenmischung (oder Sorte nach Wahl)

6 cl Gin

4 Kugeln Eis (z. B. Vanille oder Stracciatella)

4 Mürbe-Torteletts

Zubereitung

Den Smoker auf 200 °C vorheizen.

Eiweiß und den Puderzucker zu Eischnee steif aufschlagen.

Die TK-Beerenmischung in eine gusseiserne Pfanne geben und auf der Sidefirebox für 20 Minuten köcheln lassen. Den Gin hinzufügen und flambieren.

Dann jeweils 1 Eiskugel auf 1 Tortelett setzen und rundherum zügig mit dem Eischnee ummanteln. Noch ein großes Stück Holz in die Feuerbox werfen, sodass weitere hohe Hitze entsteht.

Die Torteletts auf der Sidefirebox etwa 5 Minuten backen, sodass der Eischnee sehr schnell goldbraun karamellisiert. Sofort mit den Gin-Beeren servieren.

4 Personen | 200 °C | direkt bei offenem Deckel

★ Texas Brownie ★

MIT BOURBONGLASUR

Zutaten

250 g Butter

300 ml Kaffee

60 g Backkakao

500 g Weizenmehl

250 g brauner Zucker

125 g Buttermilch

2 Eier (Größe M)

1 Pck. Backpulver

1 TL Vanillearoma

GLASUR

125 g Butter

2 EL Backkakao

100 ml Bourbon-Whiskey

1 EL Ahornsirup

500 g Puderzucker

AUSSERDEM

mittlere Auflaufform

Zubereitung

Einen Grill auf direkte und indirekte Hitze vorbereiten.

In einem Topf auf direkter Hitze die Butter, Kaffee und den Backkakao verrühren und zum Kochen bringen. Weizenmehl und Zucker in einer großen Schüssel vermischen. Die Butter-Mischung in die Schüssel geben und mit Buttermilch, Eiern, Backpulver und Vanillearoma mit einem Handrührgerät glatt rühren. Die Masse in eine flache gefettete Auflaufform geben und ca. 20 Minuten bei 180 °C und indirekter Hitze backen.

In der Zwischenzeit in einem Topf die Zutaten für die Glasur, bis auf den Puderzucker, zum Kochen bringen. Von der Hitze nehmen und unter ständigem Rühren mit dem Puderzucker glatt rühren.

Die Glasur über den noch warmen Brownie-Teig geben und abkühlen lassen. In viereckige Stücke schneiden und servieren.

10 Personen | 180 °C | direkt/indirekt
bei offenem/geschlossenem Deckel

New York Cheesecake

AUS DEM SMOKER

Zutaten

BODEN

125 g Butterkekse

125 g Butter

50 g Zucker

FÜLLUNG

6 Eier (Größe M)

300 g Zucker

750 g Frischkäse

500 g Schmand

250 g Sahne

Saft von 1 Zitrone

1 TL Vanillextrakt

2 EL Weizenmehl

Zubereitung

Einen Smoker auf 160 °C vorheizen.

Die Kekse in einen Gefrierbeutel geben und mit einem Nudelholz zerkrümeln. Die Butter zum Schmelzen bringen und mit Zucker und den Kekskrümeln vermischen. Die Krümelmasse in eine Springform geben, vollständig am Boden festdrücken und kaltstellen.

Eier, Zucker, Frischkäse, Schmand, Sahne, Zitronensaft, Vanille und Mehl in einer Schüssel zu einer glatten Masse verrühren. Die Masse in die Springform geben und 5 Minuten ruhen lassen.

Den Kuchen 20 Minuten auf dem Smoker backen. Dann kein Holz mehr nachlegen, sodass die Temperatur auf etwa 130 °C sinkt. Den Cheesecake noch 1 weitere Stunde backen. Nach 30 Minuten hier kein weiteres Holz mehr nachlegen und den Smoker von alleine herunterkühlen lassen. Dabei den Kuchen bei geschlossenem Deckel noch weitere 2 Stunden ruhen lassen.

Den Cheesecake in den Kühlschrank stellen und 6 Stunden durchkühlen lassen. Dann in Stücke geschnitten servieren.

12 Personen | 160 °C | indirekt bei geschlossenem Deckel

Register

A

Avocados
Quesadillas - mit Guacamole 124

B

Bacon
Atomic Buffalo Turds - mit Cheddar 42
Brisket Burnt Ends - Chili 88
Geräuchertes Bacon-Salz 39
Mini-Meatballs - mit Bacon 46
Pimientos - mit Fenchelwurstfüllung 48

Bärlauch
Kräuterbutter - mal 3 138

Beeren
Baked Alaska - mit flambierten Gin-Beeren 148

Bier
Beerbrats - mit Zwiebeln 64
Beer Can Cabbage - vom Smoker 118
Brisket Burnt Ends - Chili 88
Dunkelbierbrot - gefüllt mit Preiselbeeren und Raclettekäse 140
Gegrillte Maiskolben - mit würzig tomatisiertem Chipotle-Topping 50
Pulled Pork - für Genießer 52

Blauschimmelkäse
Geplankter Spitzkohl - mit Blauschimmelkruste 116

Blumenkohl
Blumenkohl - mit Kapern-Nussbutter 130

Bohnen
Brisket Burnt Ends - Chili 88
Veggie Burger - Triple Cheese 126

Bourbon
Texas Brownie - mit Bourbonglasur 150

Brot
Ganzer Truthahn - vom Smoker 102
Gefüllte Zwiebeln - mit Rinderhackfleisch in Rotwein 84
Pulled Lachs - von der Planke in die Schnitte 78

Burger-Brötchen
Juicy Lucy Burger - mit Zwiebeln und Cheddar 74
Pulled Lachs - von der Planke in die Schnitte 78
Veggie Burger - Triple Cheese 126

Buttermilch
Cornbread - mit Cheddarkruste 134
Texas Brownie - mit Bourbonglasur 150

C

Cheddar
Coney Island - Chili Dogs 76
Cornbread - mit Cheddarkruste 134
Juicy Lucy Burger - mit Zwiebeln und Cheddar 74
Veggie Burger - Triple Cheese 126

Chilischoten
Coney Island - Chili Dogs 76
Dreierlei eingelegte rote Zwiebeln 136
Gegrillte Maiskolben - mit würzig tomatisiertem Chipotle-Topping 50
Halloumi-Zucchini-Spieße - mit Chili-Limetten-Öl 122
Pulled Lachs - von der Planke in die Schnitte 78
Quesadillas - mit Guacamole 124
T-Bone Steak - mit Tomaten-Relish 66

Chipotle in Adobo
Brisket Burnt Ends - Chili 88

Chipotlepulver
Smoky BBQ Rub 40

Chorizo
Jambalaya - mit Tiger Prawns und Chorizo 90

Crème fraîche
Schmand-Tarte - mit Basilikum-Erdbeeren 144
Zucchini-Bomben - mit Aligot 128

D

Dorade
Ganze Dorade - mit frischen Kräutern 114

E

Eier
Baked Alaska - mit flambierten Gin-Beeren 148
Burger-Brötchen - so soft 139
Coney Island - Chili Dogs 76
Cornbread - mit Cheddarkruste 134
Eiersalat - aus dem Heißrauch 142
Ganzer Truthahn - vom Smoker 102
Gefüllte Zwiebeln - mit Rinderhackfleisch in Rotwein 84
New York Cheesecake - aus dem Smoker 152
Schmand-Tarte - mit Basilikum-Erdbeeren 144
Texas Brownie - mit Bourbonglasur 150
Toskana- Fleischbällchen - mit Tomatensauce 112
Veggie Burger - Triple Cheese 126
Zwiebelkuchen - gegrillt 120

Ente
Rosa Entenbrust - mit Erdnussöl 108

Erdbeeren
Schmand-Tarte - mit Basilikum-Erdbeeren 144

Erdnussöl
Blumenkohl - mit Kapern-Nussbutter 130
Rosa Entenbrust - mit Erdnussöl 108

Estragon
Ganzer Truthahn - vom Smoker 102
Pulled Lachs - von der Planke in die Schnitte 78
Toskana- Fleischbällchen - mit Tomatensauce 112

F

Fenchel
Pulled Lachs - von der Planke in die Schnitte 78

Fleischfond
Beef Brisket - ganz authentisch 54
Wildschweingulasch - mit Pilzen 80

Frischkäse
Atomic Buffalo Turds - mit Cheddar 42
New York Cheesecake - aus dem Smoker 152

Frühlingszwiebeln
Chicken Wings - mit Sesam 62
Pulled Lachs - von der Planke in die Schnitte 78
Quesadillas - mit Guacamole 124
Rotes Chimichurri - mit Paprika 93

G

Gin
Baked Alaska - mit flambierten Gin-Beeren 148

Gouda
Mini-Meatballs - mit Bacon 46

Grillkäse
Veggie Burger - Triple Cheese 126

Grillwurst
Beerbrats - mit Zwiebeln 64

H

Hackfleisch
Coney Island - Chili Dogs 76
Toskana- Fleischbällchen - mit Tomatensauce 112

Hähnchen
BBQ Drumsticks - glaciers 44
Chicken Wings - mit Sesam 62
Flaches Kräuterhuhn - mit Buttermarinade 60
Sweet Chili - Hähnchenspieße 106

Halloumi
Halloumi-Zucchini-Spieße - mit Chili-Limetten-Öl 122

Hefe
Burger-Brötchen - so soft 139
Coney Island - Chili Dogs 76
Dunkelbierbrot - gefüllt mit Preiselbeeren und Raclettekäse 140
Zwiebelkuchen - gegrillt 120

Hefeteig
Schoko-Kirsch-Schnecken - aus der Gusspfanne 146

Hoisin-Sauce
Spanferkelbauch - asiatisch glasiert 96
Sweet Chili - Hähnchenspieße 106

Hummer
Gegrillter Hummer - mit Zitrone und Koriander 72

I

Ingwer
Chicken Wings - mit Sesam 62

J

Jalapeños
Atomic Buffalo Turds - mit Cheddar 42

K

Kapern
Blumenkohl - mit Kapern-Nussbutter 130

Kartoffeln
Lammhaxen - mit Salzzitrone, Tomaten und Kartoffeln 82
Parmesan-Kartoffeln - überbacken 132
Zucchini-Bomben - mit Aligot 128

Käse
Atomic Buffalo Turds - mit Cheddar 42
Quesadillas - mit Guacamole 124
Zucchini-Bomben - mit Aligot 128

Kekse
New York Cheesecake - aus dem Smoker 152

Korianderkörner
Kaffee-Rub 38
New York Style - Pastrami 68

Kürbis
Rehkeule - mit Kürbis-Maronen-Gemüse 86

L

Lachs
Pulled Lachs - von der Planke in die Schnitte 78
Räucherlachs - mit Dillspitzen 104

Lamm
Lammhaxen - mit Salzzitrone, Tomaten und Kartoffeln 82
Lammkrone - mit rotem Chimichurri 92

Likör
Schmand-Tarte - mit Basilikum-Erdbeeren 144

Limetten
Chicken Wings - mit Sesam 62
Gegrillte Maiskolben - mit würzig tomatisiertem Chipotle-Topping 50
Geplankter Spitzkohl - mit Blauschimmelkruste 116
Halloumi-Zucchini-Spieße - mit Chili-Limetten-Öl 122
Kräuterbutter - mal 3 138

M

Mais
Brisket Burnt Ends - Chili 88
Gegrillte Maiskolben - mit würzig tomatisiertem Chipotle-Topping 50

Maronen
Rehkeule - mit Kürbis-Maronen-Gemüse 86

Miso-Paste
Sweet Chili - Hähnchenspieße 106

Möhren
Wildschweingulasch - mit Pilzen 80

Mozzarella
Toskana- Fleischbällchen - mit Tomatensauce 112

N

Nussnougatcreme
Schoko-Kirsch-Schnecken - aus der Gusspfanne 146

O

Ochse
BBQ-Ochsenbäckchen - mit Portwein 94

Orangen
Ganzer Truthahn - vom Smoker 102
Schmand-Tarte - mit Basilikum-Erdbeeren 144

P

Paprika
Brisket Burnt Ends - Chili 88
Jambalaya - mit Tiger Prawns und Chorizo 90
Quesadillas - mit Guacamole 124
Rotes Chimichurri - mit Paprika 93
Veggie Burger - Triple Cheese 126

Parmesan
Parmesan-Kartoffeln - überbacken 132

Pecorino
Pimientos - mit Fenchelwurstfüllung 48

Pilze
Veggie Burger - Triple Cheese 126
Wildschweingulasch - mit Pilzen 80

Pimentkörner
Dreierlei eingelegte rote Zwiebeln 137
Ganzer Truthahn - vom Smoker 102
Gefüllte Zwiebeln - mit Rinderhackfleisch in Rotwein 84
Wildschweingulasch - mit Pilzen 80

Pimientos
Pimientos - mit Fenchelwurstfüllung 48

Preiselbeeren
Dunkelbierbrot - gefüllt mit Preiselbeeren und Raclettekäse 140
Wildschweingulasch - mit Pilzen 80

R

Raclettekäse
Dunkelbierbrot - gefüllt mit Preiselbeeren und Raclettekäse 140

Reh
Rehkeule - mit Kürbis-Maronen-Gemüse 86

Reis
Jambalaya - mit Tiger Prawns und Chorizo 90

Rind
800g-Beef-Flank-Steak - mit Kräutern 110
Beef Brisket - ganz authentisch 54
Brisket Burnt Ends - Chili 88
Flanksteak - mit zweierlei Pfeffer 58
Gefüllte Zwiebeln - mit Rinderhackfleisch in Rotwein 84
Juicy Lucy Burger - mit Zwiebeln und Cheddar 74
Mini-Meatballs - mit Bacon 46
New York Style - Pastrami 68
Rückwärts gegrilltes Steak - aus der Sidefirebox 100
T-Bone Steak - mit Tomaten-Relish 66

S

Sahne
New York Cheesecake - aus dem Smoker 152
Wildschweingulasch - mit Pilzen 80

Salat
Juicy Lucy Burger - mit Zwiebeln und Cheddar 74
Pulled Lachs - von der Planke in die Schnitte 78
Veggie Burger - Triple Cheese 126

Salsiccia
Pimientos - mit Fenchelwurstfüllung 48

Salzzitronen
Lammhaxen - mit Salzzitrone, Tomaten und Kartoffeln 82

Sauerkirschen
Schoko-Kirsch-Schnecken - aus der Gusspfanne 146

Saure Sahne
Geplankter Spitzkohl - mit Blauschimmelkruste 116
Quesadillas - mit Guacamole 124
Zwiebelkuchen - gegrillt 120

Schalotten
Gegrillter Hummer - mit Zitrone und Koriander 72

Schmand
Geplankter Spitzkohl - mit Blauschimmelkruste 116
New York Cheesecake - aus dem Smoker 152

Schmelzkäse
Veggie Burger - Triple Cheese 126

Schokolade
Brisket Burnt Ends - Chili 88

Schwein
Knuspriger Schweinebauch - vom Smoker 70
Memphis Style - Pork Belly Burnt Ends 98
Pulled Pork - für Genießer 52

Spanferkelbauch - asiatisch glasiert 96
St. Louis Style - BBQ Ribs 56

Sellerie
Jambalaya - mit Tiger Prawns und Chorizo 90
Wildschweingulasch - mit Pilzen 80

Senf
Coney Island - Chili Dogs 76
Eiersalat - aus dem Heißrauch 142
Gefüllte Zwiebeln - mit Rinderhackfleisch in Rotwein 84
Kräuterbutter - mal 3 138
Memphis Style - Pork Belly Burnt Ends 98
Pulled Lachs - von der Planke in die Schnitte 78
Pulled Pork - für Genießer 52
Rosa Entenbrust - mit Erdnussöl 108
St. Louis Style - BBQ Ribs 56

Sojasauce
Ganzer Truthahn - vom Smoker 102
Pulled Lachs - von der Planke in die Schnitte 78
Spanferkelbauch - asiatisch glasiert 96
Sweet Chili - Hähnchenspieße 106

Sour Cream
Gegrillte Maiskolben - mit würzig tomatisiertem Chipotle-Topping 50

Spinat
Quesadillas - mit Guacamole 124

Spitzkohl
Geplankter Spitzkohl - mit Blauschimmelkruste 116

T

Thai-Spargel
Quesadillas - mit Guacamole 124

Tiger Prawns
Jambalaya - mit Tiger Prawns und Chorizo 90

Tomaten
Brisket Burnt Ends - Chili 88
Coney Island - Chili Dogs 76
Jambalaya - mit Tiger Prawns und Chorizo 90
Juicy Lucy Burger - mit Zwiebeln und Cheddar 74
Lammhaxen - mit Salzzitrone, Tomaten und Kartoffeln 82
Toskana- Fleischbällchen - mit Tomatensauce 112

Tomaten, getrocknet
Halloumi-Zucchini-Spieße - mit Chili-Limetten-Öl 122
Kräuterbutter - mal 3 138
Rotes Chimichurri - mit Paprika 93
T-Bone Steak - mit Tomaten-Relish 66

Tortilla-Fladen
Quesadillas - mit Guacamole 124

Truthahn
Ganzer Truthahn - vom Smoker 102

W

Wacholderbeeren
Ganzer Truthahn - vom Smoker 102
Wildschweingulasch - mit Pilzen 80

Wein
BBQ Ochsenbäckchen - mit Portwein 94
Coney Island - Chili Dogs 76
Dreierlei eingelegte rote Zwiebeln 136
Eiersalat - aus dem Heißrauch 142
Gefüllte Zwiebeln - mit Rinderhackfleisch in Rotwein 84
Gegrillter Hummer - mit Zitrone und Koriander 72
Lammhaxen - mit Salzzitrone, Tomaten und Kartoffeln 82
Rehkeule - mit Kürbis-Maronen-Gemüse 86
Spanferkelbauch - asiatisch glasiert 96
Wildschweingulasch - mit Pilzen 80

Weißkohl
Beer Can Cabbage - vom Smoker 118

Wiener Würstchen
Coney Island - Chili Dogs 76

Wildschwein
Wildschweingulasch - mit Pilzen 80

Worcestersauce
Chicken Wings - mit Sesam 62
Coney Island - Chili Dogs 76
Memphis Style - Pork Belly Burnt Ends 98

Z

Zitronen
Dreierlei eingelegte rote Zwiebeln 137
Flaches Kräuterhuhn - mit Buttermarinade 60
Ganze Dorade - mit frischen Kräutern 114
Gegrillter Hummer - mit Zitrone und Koriander 72
New York Cheesecake - aus dem Smoker 152
Rotes Chimichurri - mit Paprika 93
Schmand-Tarte - mit Basilikum-Erdbeeren 144
T-Bone Steak - mit Tomaten-Relish 66

Zucchini
Halloumi-Zucchini-Spieße - mit Chili-Limetten-Öl 122
Zucchini-Bomben - mit Aligot 128

Zwiebeln
Beerbrats - mit Zwiebeln 64
Dreierlei eingelegte rote Zwiebeln 136
Gefüllte Zwiebeln - mit Rinderhackfleisch in Rotwein 84
Juicy Lucy Burger - mit Zwiebeln und Cheddar 74
Zwiebelkuchen - gegrillt 120

Impressum

Bibliografische Information der Deutschen Bibliothek.

Die Deutsche Bibliothek verzeichnet diese Publikation in der Deutschen Nationalbibliografie.

Detaillierte bibliografische Daten sind im Internet über http://www.dnb.de/ abrufbar.

Alle in diesem Buch veröffentlichten Abbildungen sind urheberrechtlich geschützt und dürfen nur mit ausdrücklicher schriftlicher Genehmigung des Verlags gewerblich genutzt werden. Eine Vervielfältigung oder Verbreitung der Inhalte des Buchs ist untersagt und wird zivil- und strafrechtlich verfolgt. Das gilt insbesondere für Vervielfältigungen, Übersetzungen, Mikroverfilmungen und die Einspeicherung und Verarbeitung in elektronischen Systemen.

Die im Buch veröffentlichten Aussagen und Ratschläge wurden von Verfasser und Verlag sorgfältig erarbeitet und geprüft. Eine Garantie für das Gelingen kann jedoch nicht übernommen werden, ebenso ist die Haftung des Verfassers bzw. des Verlags und seiner Beauftragten für Personen-, Sach- und Vermögensschäden ausgeschlossen.

Bei der Verwendung im Unterricht ist auf dieses Buch hinzuweisen.

Die automatisierte Analyse des Werkes, um daraus Informationen insbesondere über Muster, Trends und Korrelationen gem. Åò 44b UrhG („Text und Data Mining") zu gewinnen, ist untersagt.

EIN BUCH DER EDITION MICHAEL FISCHER

1. Auflage 2025

© 2025 Edition Michael Fischer GmbH, Donnersbergstr. 7, 86859 Igling

Layout- und Covergestaltung: Anna Fiedler, Carolin Mayer

Satz: Alexandra Wolf, Carolin Mayer

Projektmanagement und Lektorat: Andrea Flor, Christine Birnbaum

Texte: S. 6–41 Markus Kaufer, Guido Schmelich; 42, 44, 46, 48, 52, 54, 56, 68, 70, 72, 74, 76, 88, 90, 92, 94, 96, 98, 100, 102, 104, 116, 118, 132, 134, 136, 142, 146, 148: Markus Kaufer; 58, 60, 62, 64, 66, 78, 124, 126, 128: Guido Schmelich; 80, 82, 84, 86, 120, 122, 140: Mora Fütterer; 106, 108, 110, 112, 114, 130: Daniel Kuhlmey

Rezeptfotos: S. 6–41: Brigitte & Dirk Tacke, München, Guido Schmelich, Holzkirchen b. München; 42, 44, 46, 52, 54, 56, 68, 70, 72, 74, 76, 88, 90, 102, 132, 134, 136, 142: Brigitte & Dirk Tacke, München; 58, 60, 62, 64, 66, 78, 124, 126, 128: Guido Schmelich, Holzkirchen b. München; 80, 82, 84, 86, 140: Kitchenkiss Photography, Holzkirchen b. München; 92, 94, 96, 98, 100, 104, 116, 118, 142, 146, 148: Manuela Rüther, Köln; 106, 108, 110, 112, 114, 130: Kitchenkiss Photography, Holzkirchen b. München; 120, 122: Volker Debus, München

Fotos: S. 2: (Holzscheite): © Strannik_fox/Shutterstock; S. 6: © SunKids/Shutterstock; S. 7: © senk/Shutterstock; S. 10: © Anze Furlan/Shutterstock; S. 11: © Bartosz Nitkiewicz/Shutterstock; S. 12: © Lincoln Rogers/Shutterstock; S. 14: © Strannik_fox/Shutterstock; S. 16: © Firma V/Shutterstock; S. 17: © Timolina/Shutterstock; S. 18: © casanisa/Shutterstock; S. 19: © William McDill/Shutterstock; S. 21: © pr2is/Shutterstock; S. 22: © VDB Photos/Shutterstock; S. 23: © Davor Ristic/Shutterstock; S. 29: © Andrewmason_w/Shutterstock; S. 34: © stockcreations/Shutterstock; S. 35 (Traditionelles Würzen): © Spaskov/Shutterstock; S. 35: (Würztechniken): © Chingiz044/Shutterstock; S. 36: © hlphoto/Shutterstock; S. 37: © Zu Kamilov/Shutterstock; S. 41: © VICUSCHKA/Shutterstock

Covermotiv: Manuela Rüther, Köln

Flammenhintergrund: auf dem Cover und im gesamten Buch: © Shariq Bukhari/Shutterstock

ISBN 978-3-7459-1586-0

Gedruckt bei C&C Offset Printing Co., LTD., 14/F, C&C Building, 36 Ting Lai Road, Tai Po, N. T. Hong Kong, China

www.emf-verlag.de